사람을 움직이는 설득의 힘

말하기가 능력이다

사람을 움직이는 설득의 힘

말하기가 능력이다

펴 낸 날 2014년 11월 5일 1판 1쇄

지 은 이 김영래 · 백경운

펴 낸 이 강유균
교정·교열 이교숙 · 이인영
디 자 인 차정아
일러스트 김상진

펴 낸 곳 리드리드출판(주)
출판등록 제 2001-000160호 (1978년 5월 15일)
주 소 서울 마포구 큰우물로 76(고려빌딩 210호)
전 화 (02) 719-1424
팩 스 (02) 719-1404
이 메 일 gangibook@naver.com

ISBN 978-89-7277-265-1 03320

이 도서의 국립중앙도서관 출판예정도서목록(CIP)은 서지정보유통지원시스템 홈페이지(http://seoji.nl.go.kr)와
국가자료공동목록시스템(http://www.nl.go.kr/kolisnet)에서 이용하실 수 있습니다.
(CIP제어번호: CIP2014028272)

사람을 움직이는 설득의 힘

말하기가 능력이다

김영래 · 백경운 공저

리드리드출판

추천사

감성과 이성의 절묘한 조화를 통한 소통

살아오면서 나름 다양한 자기계발서를 만나게 되었고 지금도 만나고 있다. 그동안 많은 자기계발서에서 다루고 있는 테마가 바로 '소통'이라는 생각이 든다. 누군가 표현하기를 소통은 유니콘과 같은 존재라고 말했다.

"유니콘을 아는 사람 손들어 보세요." 하면 다 알고 있다고 손을 들지만, "그럼 유니콘을 보신 분 손들어 보세요."라고 하면 한 명도 손을 들지 못한다는 것이다.

알고 있는 듯하지만 손을 뻗어도 손에 잡히지 않는 신기루처럼 실체를 알기가 어려운 것, 그것이 바로 소통, 즉 커뮤니케이션이다. 이렇듯 실체를 찾기 어렵기 때문에 그동안 많은 연구가 있었음에도 불구하고 꾸준히 소통에 관한 책이 나오며, 또 연구되고 있는 건 아닐까.

나는 이 소통이 쉽게 손에 잡히지 않는 이유가 있다고 생각한다. 그것은 '사람의 문제'이기 때문이다. 조직 안에서 사람은 계속 바뀐다. 신입사원이 들어오기도 하고, 조직 개편이 벌어지기도 한다. 조직 자체에서도 늘 여러 분야의 사람을 만나야만 한다. 사람이 바뀔

때마다 환경이 바뀌고, 소통의 방식도 달라져야 하는 것은 당연하다. 그러다 보니 조직에서는 매번 전에 학습되었던 부분이 무너져 버리는 일이 생긴다.

소통에는 항상 감정과 느낌이 따라 붙으며, 그것은 사람마다 다르기 때문이다. 더구나 오늘날에는 예전보다 소통 방식이 더욱 다양해졌다. 무궁화 통신 위성이 쏘아 올려졌다. 스마트폰이 LTE 급으로 빨라졌다. 소통의 방법도 편지에서 이메일로, 이메일에서 문자로, 문자에서 여러 가지 SNS로 계속해서 다양해지고 있다. 하지만 그 다양함으로 인해서 우리가 더 정확하고 많은 소통을 하게 되었는지는 반문해 볼 일이다.

언제부터인가 바쁜 현대인들은 소통이란 짧고 정확해야만 한다고 결정지어버렸다. 물론 지금은 바쁜 시대이다. 소통의 가짓수도 많고, 소통을 하는 수단도 다양해졌다. 주어진 시간을 금쪽같이 써야 하기 때문에 많은 것을 압축해서 전달해야 일이든 시간이든 여유가 생길 수 있다. 그래서 '수치로, 간결하게'라는 원칙이 어느 사이에 업무현장에서 널리 사용되게 되었다. 지식과 의견의 전달이라는 이성 측면으로 볼 때 합리적인 수단이라고도 생각한다. 하지만 소통은 좀 다르다고 생각한다. 기본적으로 소통은 감성의 문제이기도 하기 때문이다. 빠른 소통도 간과할 수는 없지만, 그렇다고 소통 자체를 압축해버려서는 안 될 일이다. 지식은 압축할 수 있어도, '감성'은 압축할 수 없기 때문이다. 인간에게는 이성적인 면과 감성적인 면이 모두 존재하는데, '소통' 역시 인간이 하는 행동인 까닭이다.

이 책은 이렇듯 손에 잡히지 않는 소통이라는 문제를 '이성과 감성'이라는 두 가지 차원에서 효과적으로 다루고 있다. 바쁜 시대에 짧고 정확한 이성적 소통도 중요하지만, 소통 뒤에 여운과 감동을 남기는 감성적 소통, 그런 소통으로 인해 탄력받은 KTX처럼 시원하고 원활한 소통 역시 강조하고 있다.

그러기 위해 현장에서의 사례와 역사적 사례, 저자의 사례와 데일 카네기 자신의 사례를 폭넓게 다루고 있다. 용어에서도 소통과 커뮤니케이션을 '주고받기'라는 말로 감성적으로 표현하였다. 생각해보니 우리 삶의 대부분이 '주고받기'로 이루어진다. 특히 말로 하는 주고받기라면, 그 주고받기를 얼마나 잘 하는가에 따라서 삶의 즐거움과 성공도 뒤따라 옮을 아울러 알려주고 있다.

이야기의 출발은 사람의 이해이다. 책을 공저한 두 사람은 기업교육의 현장에서 오랫동안 기업교육 강사 생활을 해온 분들이다. 현장에서 '의사소통의 전문가'로 인정을 받는 분들인 만큼 공중에 떠 있는 이야기가 아닌, 청중들에게 공감을 주는 사례와 문체로 이야기를 풀어 나가고 있다. 편안하고 흥미로운 이야기의 뒷면에는, 인간관계나 소통의 달인들의 풍부한 이론적 배경을 담고 있음을 느낄 수 있었고, 사람의 감정과 소통을 말하고 있기에 심리학적인 배경도 요소요소마다 훌륭하게 현실성 있게 배치되었다는 것을 알 수 있었다. 그래서 주고받기의 기본적 원칙부터 사람의 설득이나 강연에 이르기까지를 실제 강의 경험을 토대로 한 경험적인 소통 노하우를 아낌없이 풀어 놓은 느낌이었다.

피터 드러커가 말하기를 인간관계와 소통은 공헌의 문제라고 하였다. 일방적인 영향력을 행사하는 것이 아닌 쌍방 간의 주고받기를 통해 서로 그 무엇인가의 영향을 주고받는다는 뜻일 것이다. 실제로 우리가 말을 하며 '주고받기'라고 쓰고 '받고 주기'라고 쓰지 않는 이유는 무엇일까? 그것은 우리의 소통에서는 이성보다 감성이 먼저였기 때문이라고 생각한다.

앞으로 올 시대는 감성의 시대이다. 감성이 고려된 소통을 하지 않는다면 손에 잡히지 않는 유니콘처럼 상대방에게 내민 손길도 계속 허공만 붙잡고 말 것이다. 사냥꾼이 이성의 덫을 놓더라도 유니콘을 유혹하는 건 결국 감성의 산물인 소녀의 상냥함이다.

이 책은 그런 면에서 지난 시대와 현 시대를 잘 돌아보고, 감성과 이성의 절묘한 조화를 통해 그냥 소통과 커뮤니케이션이 아닌 '주고받기'의 따뜻한 삶으로 인도하는 데 부족함이 없을 것이다. 가능한 곁에 두고 자주 펴 보고 싶은 책이다.

도레이첨단소재(주) 인사팀 장호진

여는 글 1

청중을 사로잡는 대화술이 성공을 부른다

우리는 커뮤니케이션, 즉 '소통'의 시대를 살아가고 있습니다.

생활 속에서 우리는 스마트폰이나 인터넷 등을 통한 사이버상의 소통에 익숙해져 가고 있습니다. 회사에서도 긴 회의보다는 메신저나 메시지 서비스를 통해 의견을 교환하고 지시를 내리고 받는 일이 잦습니다. 예전 밥상머리에서 나누던 가족 간의 대화조차 요즈음은 스마트폰을 통해 이루어집니다. 애달픈 사랑의 고백도 이제는 얼굴을 보지 않고 문자로만 하는 경우가 있을 정도이지요.

그런데 이런 편리한 소통이 늘어갈수록 오히려 사람과 사람 간의 직접적인 만남의 시간은 줄어들었습니다. 그렇게 때문에 그만큼 서로 얼굴을 보며 하는 대화의 중요성은 더욱 커졌지요. 말 한 마디 한 마디에 나 자신의 이미지가 결정되어 버릴 수도 있습니다. 그리고 그렇게 결정된 이미지를 바꿀 기회를 좀체 찾기 어려운 게 요즘 세상입니다. 과거에도 마찬가지였지만 오늘날에도 '말과 대화'의 중요성은 아무리 강조해도 지나치지 않습니다.

요즈음 하루가 다르게 변화하는 글로벌시대를 살아가는 우리는,

다변화된 사회의 구성원으로서 본연의 제 역할을 다하기 위해 각자의 환경에 적응해야만 합니다. 그러기 위해서는 자기 자신을 제대로 표현하는 원만한 '소통능력'을 길러야만 합니다. 개인적으로든 사회적으로든 대화는 우리가 자신의 존재를 증명하는 효과적인 수단입니다. 만약 우리에게 대화를 할 기회가 없어진다면 우리는 자신의 존재를 증명할 수도, 타인에게 드러나는 우리의 모습을 바꿀 수도 없는, 인간으로서의 의미를 찾아보기 힘든 서글픈 무언가가 되어버리겠지요. 사회적으로든 개인적으로든 아무런 변화도 없는 무언가 말입니다. 대화는 우리 개개인의 삶에 의미를 주고 사회 속에 존재하게 만드는 중요한 수단입니다.

의사소통은 인간이 사회생활을 하기 위해서 가장 필수적으로 가지고 있어야 하는 능력입니다. 우리들은 삶을 사는 동안 가지고 있는 생각이나 뜻을 말이나 글, 때로는 표정, 자세, 몸짓, 노래, 춤 등의 비언어적인 요소들을 포함하여 끊임없이 서로 주고받습니다. 이 모든 주고받기가 곧 소통인 것입니다. 어떤 이는 이 주고받기를 잘

해서 사랑을 얻기도 하고, 또 어떤 이는 부를 축적하기도 합니다. 또 다른 한편으로는 잘못된 주고받기를 통해 아픔과 상처를 떠안고 서로 다투고 힘들어하기도 합니다. 그러면 어떻게 해야 우리들 삶 속에서 '바르고 조화로운 소통'을 할 수 있을까요?

저는 지난 20여 년간 기업교육 전문 강사로 일을 해오면서 청중과의 만남 속에서 그 답을 찾으려고 애써왔습니다 그 과정에서 데일 카네기의 대화술을 만나게 되었고 이를 사람들에게 알려주면서 저 역시 많은 공감과 깨달음을 얻었습니다.

이 책은 퍼블릭 스피킹Public speaking: 화술, 연설, 강연 등의 대중 앞에서 말하는 일 강좌를 개최하여 잠재의식을 일깨우고, 성공한 인생으로 풍요로운 삶을 살게 해준 '데일 카네기의 대화술'을 재편집한 것입니다. 특히 공동체적인 삶에 필요한 부분을 새롭게 짜 넣었습니다. 기존의 많은 화술지침서들은 '무엇을' 전달할 것인가에 초점이 맞추어져 있는 반면, 이 책에서는 '어떻게' 전달하고 만날 것인가에 대해 고민하여, 한국의 실정에 맞춘 많은 사례를 중심으로 소개하였습니다.

청중과의 만남을 통해 서로의 마음 문을 열고 소통하는 것에는 많은 기술도 필요하겠지만 그보다 중요한 것은 마음의 진실함을 담아 전하는 진정성입니다. 부모가 자녀에게 하는 진심어린 충고, 힘들어하는 친구에게 건네는 위로의 말, 사랑하는 사람에게 전하는 격려와 칭찬의 말 한 마디 한 마디가 그러하듯이, 말하는 이의 태도와 진심이 제일 중요합니다. 무릇, 사람은 누구나 인생의 길이 다르며 그들 각자는 말하는 능력에 따라 인격이 증명됩니다. 대화술이란 특별한 재능이나 적성을 필요로 하지 않고 보통의 교양이 있는 사람이라면 누구나 발달시키고 체득할 수 있는 기능이라 생각합니다.

이 책이 나오기까지 도움을 주신 리드리드출판 강유균 대표님께 감사를 드리며, 말하기나 강연에 대한 두려움으로 힘들어하는 많은 분께 이 책이 용기와 자신감을 줄 수 있기를 소망합니다.

김영래 소장

여는 글 2

말이 왜 중요한가?

"말 한 마디로 천 냥 빚을 갚는다!"라는 속담이 있다. 반면 "말만 앞서고 실속은 없는 사람"이라는 익숙한 평가의 말도 종종 쓰곤 한다. 어떻게 보면 정반대인 말을 우리는 별 의구심 없이 쓰고 있는 셈이지만, 거기에는 그럴 만한 이유가 있다. 두 말 모두 '말'의 중요성을 강조하고 있으며, 우리들 중 누구도 그 사실에 대해서는 아무런 의심도 갖지 않기 때문이다.

말이 왜 중요할까? 물론 말은 혼자만 알고 있던 지식을 남에게 전달하여 널리 쓰이게 할 수 있고, 자기만의 주장을 타인이 납득하도록 내세울 수 있다. 때로는 막막한 앞길을 열어나갈 비전을 주기도 하고, 의기소침한 사람에게는 기운을 북돋워주며, 지친 사람에게는 위로를 건네주기도 한다. 그러나 그러한 쓰임새 때문에만 말이 중요한 걸까? 한 권의 책 속에서도 지식은 얻을 수 있고, 비전을 찾을 수 있다. 아름다운 그림이나 절절한 음악으로 삶의 기운이 북돋워지기도 한다. 때로는 낯선 곳으로의 여행, 익숙한 곳의 산책이 지친 마음에 위로를 주는 경우도 있다. 단순히 실용적인 면에서만 고민한다면 말이라는 게 왜 그토록 중요한지 영원히 알 수 없을 것이다.

이 책 『말하기가 능력이다』에서는 말을 무엇보다 소통의 관점에서 얘기한다. 소통疏通이라는 뜻은 '서로' 통하여 오해가 없다는 것이다. 나는 무엇보다 말이 중요한 이유가 이 소통이라는 점에 있다고 생각한다.

훌륭한 소통은 단순히 말을 잘 한다고 해서 이루어지지 않는다. 소통에는 반드시, 아니 적어도 두 사람이 필요하다. 그리고 최소한 소통이라는 면에서는 말을 하는 사람보다는 말을 듣는 사람이 더욱 중요하다. 아무리 미사여구로 힘차게 떠들어댄들 상대방이 받아들이지 않는다면 그건 소통이 아니라 '인상적인 연설'일 뿐이다. 그러나 그렇다고 말을 할 때마다 우리는 상대방의 호의 섞인 경청에만 기대야 할까? 그렇지는 않을 것이다. 때로는 전혀 배려가 없는 사람들 앞에서 이야기해야 할 때도 있고, 사이가 나쁜, 심지어는 적대적인 관계에서도 대화는 벌어지는 법이다.

그러나 그렇다고 절망할 필요는 없다. 해묵은 격언이지만 진심은 통하는 법이며, 열정은 언제나 사람을 끌어당기는 법이다. 그 둘만 제대로 전달할 수 있다면 대부분의 경우 말 때문에 실패하는 법은 거의 없다. 그러니 적어도 타인 앞에서 이야기를 하는 사람이라면 열정과 진심을 갖고 있어야 하지 않을까. 그런 다음에는 진심과 열정을 사람들에게 전달할 수 있는 소소한 기술을 갈고 닦아야 하는 게 당연한 수순일 것이다. 이 책은 바로 이런 점을 책 전체에서 일관되게 주장하고 있다. 이 책에서도 이야기하지만 화법은 마치 예술과도 같다. 좋은 예술작품은 진심이 담겨 있으며, 열정으로 태어난다. 그리고 그를 접하는 우리에게 새로운 세계, 새로운 미래, 그리고 전에 없던 안식과 위로를 전해준다. 그리고 무엇보다 예술을 접하는 순간 우리 안의 무엇인가가 예술가의 의도에 맞춰 변화한다.

10여 년간 업무 현장에 있으며 많은 사람들을 만났다. 사실 나의 화법은 보통 사람보다 어눌한 편이고, 나 자신의 세련된 대화 기법보다는 오히려 묵묵히 들어주는 상대방의 호의에 더 기댄 편이었다. 그래도 언제나 진심은 통하고, 열정은 전염된다는 사실은 10여 년간 일관되게 확인할 수 있었다. 그 둘이 갖춰져 있다면 아주 작은 기교만으로도 대화는 소통으로까지 진화할 수 있다. 그리고 소통이 이루어지는 순간 대화의 목적은 여지없이 달성되고야 말 것이다.

이 책은 여러분에게 열정과 진심의 중요성, 그리고 그 둘을 효과적으로 살릴 수 있는 작지만 중요한 기교들을 여러분에게, 그것도 열정과 진심을 담아 이야기하고 있다. 이 책과 함께 여러분도 마음 속의 열정과 진심을 깨우기를, 그리고 그 깨어난 진심을 효과적으로 갈고닦는 법을 발견할 수 있기를 진심으로 바란다.

백경운 소장

차례

Chapter 03
설득의 스토리를 잡아라

Chapter 04
설득의 실전 전술

Chapter 05
준비된 만남과 갑작스런 만남

Chapter 06

효과적인 실전 화법

Chapter 01

청중과의 만남을 준비하며

목적을 향한 열정 01

자신감과 확신 02

관심에 대한 집중 03

가장 빠른 길은 연습 04

01

목적을 향한 열정

그는 인기 없는 학생이었다. 가난한 학생이기도 했다. 농가에서 태어나 가까스로 주립대학에 들어갔지만 기숙사비를 댈 여유조차 없어 매일같이 학교와 집 사이의 10킬로미터 길을 오가며 수업을 들어야만 했다. 그는 풋볼 팀에 들어가고 싶었지만 체격이 작아 대신 토론 동아리에 들어갔다. 하지만 말조차 제대로 못하는 그를 주목해주는 사람은 아무도 없었다. 늘 열등감에 시달렸고, 그 때문에 종종 자살하려는 충동에 시달리기도 했다.

그 불쌍한 학생은 훗날 어떻게 자랐을까? 오늘날 대화법과 인간

관계론의 대가이자 수많은 사람에게 멘토로 추앙받는 데일 카네기의 어린 시절 이야기는 이제는 널리 알려진 오늘날까지도 우리에게 적지 않은 놀라움을 자아낸다. 태어날 때부터 말을 잘하는 사람은 없다. 더욱이 많은 사람 앞에서 이야기를 해야 하거나, 다른 사람을 설득해야 하는 경우라면 더 말할 필요조차 없다. 데일 카네기 역시 부족한 자신을 끊임없는 노력으로 극복하여 성공의 길을 일구어냈다. 특히 오늘날에는 설득이든 연설이든 그저 의견이나 사실을 논하여 밝히는 정도에 그쳐서는 성공하기 힘들다. 말하는 방식과 내용은 다듬어 정련해야 하고, 청중의 반응을 살피는 순발력과 배려도 필요하다. 이러한 시대에 흡사 세련된 예술가와도 같은 연설가, 웅변가가 되기란 쉽지 않은 일이다.

오늘에 이르러서는 변론도 일상생활의 회화가 연장된 것으로 본다. 강력한 주장과 논조, 힘 있는 목소리로 상대방을 설득시키는 웅변의 시대는 가고, 즐거운 대화를 하듯 청중의 마음을 팽팽히 끌어당기며 공감하게 만드는 연설이 사람들의 호응을 얻는다. "이 연사 절실히 외칩니다~" 같은 웅변조의 말은 이제는 코미디 프로에서나 볼 수 있을 뿐, 강한 주장이 필요한 자리에서조차 사람들은 목소리를 높이지 않는다. 그러므로 크게 돋보이는 스타일이나 낭랑한 목소리 따위는 이미 유행이 지나간 지 오래다. 기업교육의 특강이든 만찬회든, 아니면 교회의 예배나 TV · 라디오의 대담에서조차 사람들이 바라는 것은 '공감'이다. 일방적으로 상식이나 논리를 들려주는 연설보다는, 청중과 더불어 대화를 나누고 주제에 대해 솔직히 풀어놓는 공감이 있는 담화를 원하는 것이다. 현대는 강요가 아니라 공감의 시대다. 설득도 공감으로 해야 한다.

하지만 비록 현대의 대화가 공감을 위주로 한다 해도, 아무것도 말하지 않고서는 결코 원하는 바를 이룰 수 없다. 집에서든, 학교나 회사에서든, 사업계와 정치계와 학계, 심지어는 친목의 자리에서조차 스스로 한 걸음 나서서 의견을 말하지 않는다면 얻을 수 있는 일이라곤 하나도 없을 것이다. 사회생활의 거의 대부분은 실제로 말을 하고, 정서를 나누며, 설득을 하거나 설득당하며 살아가고 있다. 이때 사용하는 가장 보편적인 도구가 대화, 즉 말이다.

만약 사람들을 설득하고 매혹시킬 수 있는 능력, 제대로 말을 할 수 있는 능력이 있다면 당신은 어디까지 올라설 수 있을까? 두 발을 굳건히 딛고 말할 줄 아는 능력이 당신을 어느 위치까지 데려가줄 수 있을지는 실지로 헤아리기 어렵다. 어쩌면 한때 유네스코 의장을 지낸 S. C. 아린의 말이 조금의 지침이 되어줄 수 있을 것이다. 그는 『변론에 관한 계간지Quarterly Journal of Speech』에 기고한 「사업에 있어서의 변론과 지도적 위치」라는 기사에서 다음과 같이 이야기하고 있다.

"비즈니스계의 역사에서, 연단에서 성공을 거두어 자신에 대한 관심을 유도한 인물은 적지 않습니다. 얼마 전에도 캔서스주 말단 지부의 관리인에 불과했던 한 젊은이가 뛰어난 연설로 주목을 받은 일이 있었지요. 지금 그 젊은이는 우리 회사 세일즈 분야에서 부사장으로 근무하고 있습니다."

〈데일 카네기 대화술〉 강좌의 교육생이었던 『아메리카 사보』의 발행인 헨리 블록스턴은 이렇게 말한다.

"타인과 효과적으로 의사소통을 하여 협력을 얻어내는 능력이란, 장래 정상의 지위에 오를 후보자에게 기대되는 유력한 조건 중 하나입니다."

자, 이 정도에서 언젠가는 청중 앞에 서서 연설하게 될지 모를 자신을 청중 앞에 선 것으로 상상해 보는 것이 어떨까? 확고한 자신감을 가지고 자기의 감정과 생각을 청중과 함께 나누는 기쁨을 미리 떠올려 본다. 흔들리지 않고 자신감 있는 걸음걸이로 당신은 연단을 올라간다. 자신을 소개하는 사회자의 멘트를 뒤로 하고 가벼운 인사와 함께 말문을 열자, 소란하던 청중이 일시에 조용해지며 당신의 말에 귀를 기울인다. 당신은 청중과 차분히 시선을 마주하고, 때로는 질문을 던지고, 때로는 목소리를 높여 강조하며, 가끔은 가벼운 농담으로 청중의 주의를 끌어들인다. 청중은 짜임새 있게 밀어당기는 당신의 연설에 점점 빨려들고, 어느덧 당신의 이야기는 감동적인 마무리에 접어든다. 그리고 뜨거운 갈채를 뒤로한 채 연단을 내려선다. 연설이 끝난 후에는, 무대 뒤에서 공감에 넘치는 감사의 인사를 받기에 분주하다.

어떤가? 훌륭한 연사라면 으레 겪을 법한 이러한 과정 중에는 마력과 같이 비교할 수 없고 거부할 수 없는 설렘과, 연설하는 순간순간 느낄 수 있는 스릴이 함축되어 있다.

이런 이야기를 하는 까닭은 훌륭한 연설을 하기 위해서는 무엇보다 '훌륭한 연설을 하고 싶다'는 연사 자신의 마음가짐이 필요하기 때문이다. 연사가 청중보다 먼저 설득해야 하는 것은 '자기 자신'이다. 자신은 훌륭한 연설을 할 수 있으며, 그렇게 해서 청중을 변화시킬 수 있다고 가슴 깊이 믿어야 한다. 그리고 그런 마음으로 자기 자신을 무장해야 한다. 하버드 대학교의 심리학 교수 윌리엄 제임스는, 독자의 일생에 깊은 영향을 끼칠 만한 몇 가지 권고되는 문장을 서술했다. 그의 말에 따르면 그것은 용기라고 하는 보물을 감춘 「알리바바와 40인의 도적」에서 동굴 문을 여는 주문인 '열려라 참깨'이다. 우리는 그것을 '열정'이라고 부른다.

"어떤 분야이든 궁극적인 힘이 되는 것은 목적을 향한 열정이다. 어떤 결과를 얻으려는 마음이 참으로 절실하다면, 반드시 바라는 결과에 도달할 수 있다. 착한 인간이 되려고 한다면 착한 인간이 되는 것이다. 또 부자가 되려고 한다면 부자도 될 수 있고, 학자가 되길

원한다면 학자도 될 수 있다. 다만 이럴 경우에 필요한 것은 목적으로 하는 것 이외에, 이것과 양립할 수 없는 백 가지를 똑같이 강하게 염원하지 말고 어느 쪽이든 목적으로 하는 것만을 진정으로 염원해야만 한다."

많은 사람을 향하여 효과적으로 이야기할 수 있도록 습득하는 데서 얻어지는 이익은 오직 공식적인 연설을 할 수 있는 능력만은 아니다. 일생 동안에 단 한 번도 공식적인 강연을 할 기회가 없을지라도 이런 훈련에서 얻은 지식은 그의 인생을 긍정적으로 변화시키고야 말 것이다.

02

자신감과 확신

갈리아 전쟁 시기, 줄리어스 시저가 로마의 군단을 이끌고 배로 해협을 건너 지금의 잉글랜드에 상륙했을 때의 일이다. 그는 그 정복을 성공으로 이끌기 위해 실로 어리석으면서도 가장 현명한 방법인 배수의 진을 쳤다.

시저는 병사들을 도버의 해안가 절벽 위에 정렬시킨 후 그들이 보는 앞에서 2백 피트 아래 해상에 떠 있는 자신들이 타고 온 군선에다 모조리 불을 질렀다. 그야말로 적 고지에서 대륙과의 최후의 연결고리를 끊어버리고 퇴각의 마지막 수단이었던 배를 불태워 연기로 변하게 한 뒤에 살아남을 수 있는 길은 오직 하나, 정복을 위한 전진만 있다는 것을 병사들에게 강하게 상기시켰던 것이다. 이것이 불멸의 성공을 이룩한 시저의 혼이었다.

"주사위는 던져졌다Alea Iacta Est."

그의 대표적인 명언이기도 한 이 말처럼 카이사르는 당시의 어느 누구보다 배수진의 효과를 제대로 활용한 사람이기도 했다. 갈리아 전쟁을 마치고 훗날 폼페이우스와 내전을 벌일 때에는 전 군이 군량 부족에 허덕이는 가운데 에니페우스 강에서 배수진을 쳐 열세이던 병력과 병참을 극복하고 단숨에 승리를 거두기도 했다.

"결과를 얻으려는 마음이 참으로 절실하다면, 반드시 바라는 결과에 도달할 수 있다."

불리함을 이겨내고, 실패에 대한 두려움을 이겨내기 위해서는 때론 이와 같은 비장한 각오가 필요하다. 그리고 이러한 비장한 각오는 아무리 어렵더라도 반드시 성공할 수 있다는 자신감과 확신을 세우도록 도와준다. 자신감과 확신은 실제로 불가능해 보이는 일조차 실현시켜버리는 기적을 낳기도 한다. 실제 군 전략에 있어서는 필패의 전략에 가까운 배수진이 '어리석으면서도 가장 현명한' 전략이라 불리면서 실제로도 역사상 제법 많은 승리의 결과를 일구어낸 것도 어쩌면 여기에 원인이 있는지도 모른다.

적군과 마주한 용장이건, 청중과 마주한 연설가이건 사정은 크게 다르지 않다. 당신도 청중과 마주하는 공포를 이겨내기 위해 카이사르의 배수진을 본받으면 어떨까?

돌아갈 수단은 없애버렸다. 이제 전진만이 있을 뿐이다. 타오르는 불꽃 속에 불안하고 소극적인 모든 생각은 모조리 태워버리자. 약하고 우유부단한 과거로 도망치거나 빠져나갈 길은 전부 철문으로 닫아걸고 오직 한 가지, 정상에 오른 성공한 자신의 모습만을 상상하며 지금 이 순간에 충실하자.

이러한 생각과 함께 두 발로 굳게 바닥을 딛고 서서 자신의 이야기를 청중에게 힘 있게 전달하는 것이다. 꼭 연설이 아니더라고, 일대일 대화나 설득 역시 마찬가지다. 불안에 지지 않고 많은 사람을 향해 열정적으로 이야기할 수 있는 자신감이 갖추어졌다면, 청중이 아닌 개인 한 사람을 상대할 때는 보다 더 큰 확신을 갖게 되는 것은 지극히 당연한 일이다.

03

관심에 대한 집중

마케팅에서 널리 인용되는 법칙 중에 '3의 법칙'이란 것이 있다. 하나씩 세 가지를 전달하는 데에는 무리가 없지만 동시에 세 가지를 전달하려 한다면 반드시 실패한다는 법칙이다. 마주보고 있는 사람과 공을 던지고 받는다고 상상해보자. 한 번에 하나씩 공을 던져주면 그다지 무리가 없지만 동시에 세 개의 공을 던진다면 누구도 제대로 받아내지 못한다. 사람을 상대로 이야기를 할 때도 역시 마찬가지다.

다음은 하나의 이야기에 너무 많은 내용을 담으려고 했던 예이다.

만약 당신이 '나의 첫 해외여행'과 같은 간단한 화제를 택해 친구에게 이야기를 들려준다고 생각해보자. 생애 첫 해외여행은 누구에게나 강렬한 경험일 것이다. 즐거운 일도 많고, 신기한 것도 많고, 어쩌면 여행 중에 아찔했던 순간도 있었을지 모른다. 독특한 인연을 만났을 수도 있고, 흐뭇한 추억거리도 생겼을지 모른다. 그런데 대부분의 사람은 이러한 경험이 너무 강렬했던 탓에 정작 얘기를 꺼내려 하면 그 모든 경험들을 한 번에 쏟아내려 한다.

어떤 사람들은 자신의 감성에 따라 이야기를 한다. 이런 사람들의 이야기는 대체로 '이것도 좋고, 저것도 좋고, 또 그것도 좋았는데, 다시 저걸 보니 좋았고…….'라는 식의 이야기가 끝없이 이어지고 만다. 반면 비교적 조리 있게 말한다며 여행을 시간 순으로 묘사하는 사람들은 여행의 일정만을 충실히 말해줄 뿐, 그 이상의 것을 전해주기에는 한참 부족하다. 혹시 말재주가 좋아 그 순간에는 청중을 휘어잡을 수 있을지 몰라도 그건 그저 화려한 말기술에 청중이 어리둥절해 있었을 뿐, 그 자리를 떠나고 나면 머릿속에 아무것도 남기지 못한다. 심지어 말기술 자체가 좋지 못한 경우라면 더욱 끔찍한 일이 벌어질지 모른다.

이것은 극단적인 경우일지 모르나 이 정도는 아니라도 같은 이유로 청중의 관심으로부터 도외시되었던 대화를 하는 예를 우리는 너무도 많이 보아왔다. 이런 결과가 나오는 원인은 대체로 한 가지, 화자가 너무 많은 것을 한꺼번에 말하려 하기 때문이다. 아무리 역사적으로 중요하고 흥미로운 사건을 얘기하더라도 그저 연대표만을 읊

어댄다면 당신은 그 대화에 집중할 수 있을까? 결코 그렇지 않다. 우리의 정신이란 단조로운 사실의 배열에는 계속해서 주의력을 집중시킬 수 없기 때문이다.

기억에 남는 대화를 하려면 먼저 상대방이 받아들일 수 있는 정보만을 제공해야 한다. 여행의 경험을 이야기한다고 해서 여행의 모든 것을 이야기할 필요는 없다. 예를 들어 여행지의 특이한 먹거리나 사람들의 특이한 인사법 등으로 한정하여 얘기를 한다면, 적어도 그 내용만은 친구의 뇌리에 또렷이 새겨져 기억 속에 오래도록 남을

수 있을 것이다. 만약 시간이 남는다면 여행의 나머지 얘기 역시 말할 기회를 잡을 수 있을 것이다. 이럴 경우 이미 뇌리에 새겨진 기억을 지도 삼아 친구는 얘기를 더욱 쉽게 받아들일 수 있다.

이러한 방식은 어떤 화제를 잡아 얘기하든 마찬가지로 적용할 수 있다. 제과업이라든가, 마케팅 기법, 심지어는 원자탄이나 탄도 미사일 같은 다소 생소한 화제를 잡더라도 그렇다. 우선은 청중이 흥미를 느낄 수 있는 화제로 이야기를 모아라. 복잡한 이야기는 그다음이다.

04

가장 빠른 길은 연습

앞에서 잠깐 데일 카네기의 어린 시절에 대한 이야기를 한 적이 있다. 인기 없는 학생이었던 그는 현 상황을 극복하기 위해 갖은 노력을 기울였다. 재미있는 말을 들으면 훗날 써먹기 위해 꼭 노트에 적어두었으며, 무시를 받으면서도 토론 동아리에는 꿋꿋이 참석했다. 토론을 할 때도 잘 못하는 말이나마 항상 끝까지 마치려 애를 썼다. 그 결과 대학을 졸업할 때쯤에는 소위 '말 잘하는 학생'이라는 이미지를 얻을 수 있었다. 졸업 후에도 그의 노력은 멈추지 않았다. 화술과 발성법을 배우기 위해 보스턴으로 가기도 했고, 거기서 더 나은 발성을 익히려 연극배우 생활을 하기도 했다. 그러는 틈틈이 세일즈맨 활동도 했다.

그 결과 오늘날까지도 우리에게 '데일 카네기'라는 이름을 각인시킨 1912년의 역사적인 YMCA 강의를 일구어낼 수 있었다. 게다가 데일 카네기는 성공한 강의라고 해서 그 내용을 계속 사용하는 어리석음을 범하지도 않았다. 매번 강의를 할 때마다 그는 새로운 아이디어를 더해 원고를 수정했고, 낡은 내용은 그만큼 강의 내용에서 빠져나갔다. 나중에는 원래 강의의 줄거리는 찾아볼 수도 없을 만큼 바뀌어갔다.

그런데도 변하지 않는 규칙이 하나 있었다. 그것은 어떤 곳에서, 어떤 사람을 대상으로 강의를 하든, 강의를 듣는 사람은 최소한 한두 번은 청중들 앞에 나서서 대화해야 한다는 규칙이었다.

수영을 배우려면 우선 물속에 들어가야 하듯, 대화를 잘하려면 무엇보다 사람들 앞에 서서 대화요령을 체득해야 할 필요가 있다. 가령, 이 책은 물론이거니와 화술과 대화법, 변론술에 관한 책을 아무리 많이 읽더라도 실제로 연습을 하지 않는다면 화술은 결코 습득할 수 없다. 화술은 머리로 익히는 것이기도 하지만 동시에 몸이 익혀야 하는 것이기도 한 까닭이다.

조지 버나드 쇼는 '어떻게 청중을 상대로 그처럼 설득력 있는 화술을 구사할 수 있게 되었는가?'라는 사람들의 질문에 다음과 같이 말했다.

"스케이트를 배우는 것과 같은 요령입니다. 실패를 하여 남의 웃음거리가 되더라도 겁내지 말고 오로지 연습에 연습을 계속하는 거죠."

젊었을 때의 버나드 쇼는, 유별나게 틀어박혀 지내는 내성적인 사람이었다고 한다. 어쩌다 누구를 방문하게 되어도 정작 찾아가 노크도 못하고 템즈 강변을 20분 이상 서성거리던 위인이었다. 훗날 자신의 과거 모습을 이렇게 자조적으로 이야기하기도 했다.

"나처럼 내성적이라는 것 때문에 고민하고, 부끄러움을 탄 사람도 드물 것입니다."

이것이 그가 솔직히 밝히는 고백이었다. 그러던 그가 소심증과 내성적 공포에서 벗어나는 적절하고도 효과가 빠른 방법을 터득하기에 이르렀는데, 그것은 자신의 약점을 보다 강력한 무기로 전환시키려는 결심이기도 했다. 그 방법은 다름이 아닌 꾸준한 연습이었다. 무엇보다 그 자신이 연설에 익숙해지려고 노력했던 것이다.

그는 한 토론회에 가입했고, 공개토론의 회합만 있으면 언제라도 참석했고 그때마다 애써 발언도 했다. 사회주의 운동에 마음을 두고 기회가 될 때마다 사람들 앞에서 연설을 하기도 했다. 그 결과 20세기 전반에 걸쳐 자신감과 재기 넘치는 화술의 일인자로 군림하는 버나드 쇼라는 인물을 스스로 만들어낸 것이다.

살다 보면 말할 기회는 얼마든지 있다. 하지만 우리들 대부분은 화술을 연습할 수 있는 그 좋은 기회들을 아주 사소한 이유들 때문에 간과해버리고 만다. 어떠한 조직이라도 가담하여 의사소통을 필요로 하는 역할을 스스로 감당해봐야 한다. 어떠한 의견에 찬성을 표하는 것으로도 좋으니 공개석상에서 자신의 의사를 주장하고, 모임에서도 뒷전에 움츠리고 있지만 말고 당당히 나서서 자신의 소신을 밝혀야 한다.

교회의 주일학교에서 아이들에게 간단한 교리를 가르치거나 보이스카우트의 지도자가 되는 것도 한 방법일 것이다. 단체나 동아리에서 집회에 참가할 기회가 주어질 때에도 기탄없이 적극적으로 가입할 일이다. 사람들 앞에서 이야기할 수 있는 훈련은 자신감을 가지는 길잡이가 될 것이다.

Chapter 02

말하는 사람과 듣는 사람

01

관심을 가지는 화젯거리를 찾아라!

90%는 버려라!

어떤 강연을 훌륭한 강연이라 생각하는가? 어쩌면 당신의 인생, 당신의 지식, 당신의 깨달음을 온전히 청중에게 전해주는 강연이 당신 마음속에는 이상형으로 잡혀 있을지도 모르겠다. 그러나 당부하건대, 만약 당신이 청중에게 전부를 전해주려 시도한다면, 실은 하나도 전달하지 못한 실패한 강연을 만들고 말 것이다. 강연의 목적은 모든 것을 전달한다기보다는 동기를 일으키는 데 있기 때문이다. 훌륭한 강연에 필요한 요소는 방대한 지식이 아니라 확고한 방향성이다. 혹시 지식을 전달할 필요가 있더라도 그것 모두를 전달하려

해서는 안 된다. 강연은 강연일 뿐, 결코 강의가 아니다.

때로 강연에서는 어떤 사실을 끝없이 파고 들어가는 것보다는 표면만을 피상적으로 이야기하는 편이 훨씬 효과적일 때가 있다. 말하려는 내용이 방대할 경우에도 요점만을 집어내어 간결하게 설명해야 한다. 그러나 이런 경우 어떤 걸 선택하고 어떤 걸 선택하지 않을지가 중요한 문제가 된다. 청중의 수준을 고려하지 않고 지나치게 쉬운 내용을 안일하게 택해서야 감동은 고사하고 무시받기 쉽다. 반면 청중에게 낯선 내용이나 다소 어려운 내용을 줄거리삼아 얘기한다면 대다수의 청중은 당신의 말에서 귀를 돌려버리고 말 것이다. 그렇다면 어떤 내용을 강연에서 사용해야 할까?

우선 중요한 것은 당신 자신이 강연에서 말할 내용을 충분히 숙지하고 있어야 된다는 점이다. 식물학자 루터 페벵크는 최상의 식물 표본을 만들기 위해 그 전에 백만 개 이상의 표본을 시험 삼아 만들었다고 한다. 강연에서도 열 가지 내용을 청중 앞에서 자연스레 말하려면 적어도 백 가지의 내용은 미리 알고 있어야 하는 법이다. 백 가지로 한 가지의 주제를 둘러싸고 생각하고 모은 다음 그로부터 90%의 생각은 버려라. 나머지 90%의 생각은 청중 앞에서 10%를 이야기할 수 있는 든든한 배경 지식이 되어줄 것이다.

"나는 언제나 열 배, 또는 백 배의 강연 자료를 수집합니다."

이 말은 '내막' 시리즈를 쓴 연대기 작가 존 간서John Gancer의 말이다. 그는 병원에 관한 기사를 쓰기 위해 병원을 견학해서 원장, 간호사, 환자들을 일일이 상담 취재했다. 그는 수없이 층계를 오르내리고 복도를 왕래하며 이 건물에서 저 건물로 연일 돌아다닌 후에야 노트를 메모로 가득 채울 수가 있었다. 그의 사무실에는 사립병원의 보고서, 위원회의 통계, 정부와 주의 기록 등이 산더미처럼 쌓여 있었지만, 정작 그 자료들로 그가 쓴 것은 고작 네 편의 짧은 기사뿐이었다. 그러나 그것은 지극히 간결하면서도 갖은 일화가 넘치는 생생하고 매력적인 기사였다.

선택을 했다면 질문을 던져라

만약 주제를 10%로 간추리는 데 성공했다면 그다음에는 이해를 확실히 하는 질문을 자신에게 던져야 한다.

나는 왜 이 주제가 옳다고 믿고 있는가?

이 논점이 실제 생활에서 입증된 것을 본 적이 있는가?

정확하게 말해서 무엇을 증명하고자 하는가?

또 그것은 실제로 어떻게 일어났는가?

이러한 질문은 당신으로 하여금 준비의 힘, 즉 청중의 관심을 쏠리게 하는 법을 알려 준다. 선택한 화제에 대해서 권위를 지니고 스피치할 수 있는 준비를 하는 것이다.

어느 외과의사의 말도 이와 같은 교훈을 준다.

"맹장을 절개하는 방법을 배우는 데는 10분이면 충분합니다. 그러나 도중에 무슨 착오가 생겼을 때 어떻게 하면 된다는 것을 배우는 데는 4년이 걸릴 것입니다."

스피치도 마찬가지다. 연설을 하려는 사람은 언제라도 우발적이고 위급할 경우에 대처하기 위하여 준비를 하지 않으면 안 된다. 자기 앞의 화자의 스피치 내용에 따라 강조점을 바꾸거나 스피치가 끝난 후 청중으로부터의 질문에 즉시 응답할 수 있도록 준비해 두어야 한다. 때로는 예기치 않게 스피치 시간이 늘거나 줄 수도 있고, 눈앞의 청중들이 유달리 비우호적인 사람들로 가득 채워져 있을 경우도 있다.

강연의 준비는 될 수 있는 한 빨리 화제를 선택함으로써 획득되는 것이고 적어도 강연을 하기 이틀 전에는 모든 준비를 끝내야 한다. 화제가 빨리 정해지면 그 화제에 대해서 줄곧 잠재의식을 활용시킬 수 있는 이점이 있다. 차를 운전하거나 버스를 기다릴 때, 또는 다른 때 같으면 무심코 있을 시간에 강연의 주제를 차분하게 검토할 수도 있다. 우리 마음속에서 성찰이 떠오르는 것은 이런 '잠재시간'인 것이다. 그것은 당신이 화제를 빨리 결정해 정신이 무의식중에 활동한 결과인 것이다.

전혀 상반된 정견을 가진 청중에게까지 경의로써 주목을 받는 연설가 노만 토마스Norman Thomas는 이런 말을 했다.

"중요한 스피치를 할 때는 마음속으로 그 주제나 논점을 거듭 검토하고 그것과 같이 생활해야 합니다. 걸어갈 때나 신문을 읽는 동안 또는 취침 전이나 아침에 일어났을 때 당신의 스피치에 유용한 예라든가 화술의 진행에 대한 힌트 등이 차례차례 떠오를 때는 스스로 놀랄 것입니다. 해로움도 이득도 되지 못하는 이야기는 이것도 저것도 아닌 썩고 낡은 생각의 필연적인 결과이며, 그것은 눈앞의 주제를 완전히 소화하지 못했기 때문에 이러한 경우가 생깁니다."

혹시 당신이 이 정도로 강연 준비에 몰입하고 있다면, 자꾸만 떠오르는 강연에 대한 아이디어 때문에 어느 순간 강연의 내용을 미리 축약해서 써보았으면 하는 유혹을 느끼게 될지도 모른다. 그러나 결코 그래서는 안 된다. 이 방법은 좋은 방법이 아니다. 일단 강연의 줄거리가 당신 마음속의 틀에 박히면 당신은 그것에 만족을 느끼게 되어 그 이상 건설적인 생각을 첨가하고 싶지 않게 되기 때문이다. 그뿐 아니라, 이 방법은 원고를 그냥 외우게 되는 위험성도 있다. 외워서 말하는 강연, 책 읽듯 하는 강연에서 무슨 감동을 찾을 수 있겠는가?

마크 트웨인은 암기하는 방식을 경계하며 다음과 같이 말했다.

"말하는 데는 기록한 것이 적합하지 않습니다. 그것은 문장이라서 딱딱하고 탄력성이 없으므로 효과적으로 혀에 담을 수 없기 마련입니다. 스피치의 목적이 가르치는 것이 아니라 단지 사람을 즐겁게 하기 위한 것이라면 따분하지 않은 생활 속의 즉석 이야기만으로도 충분합니다. 그러지 않고는 화술을 즐길 수 없고 청중을 지루하게 할 뿐입니다."

발명의 재주와 능력으로 세계 제일의 대회사 제너럴모터스의 약진에 공헌한 찰스 F. 케터링은 미국에서도 온화한 스피치로 유명한 사람이었다. 그는 지금까지 스피치의 원고를 만들어 본 적이 있느냐는 질문에 이렇게 대답했다.

"내가 스피치하고자 하는 것은 너무도 소중해서 종이 따위에다 쓸 수가 없습니다. 나는 나 자신의 모든 에너지를 다해서 마음과 감정에다 몸소 기록하기를 좋아합니다. 나의 의견을 전할 사람과 나 사이에 종이쪽지가 끼어서야 될 일입니까?"

어디까지 손을 뻗칠 것인가?

일단 화제를 선택했을 때 다음의 첫째 단계는 그 화제를 전개시킬 한계선을 정하고, 엄격하게 그 범위에서 끝맺을 일이다.

제한 없이 손을 뻗치려 하는 잘못을 범해서는 안 된다. 만약 당신이 〈기원전 50년의 아테네에서 한국 전쟁까지〉라는 주제로 2분간 연설을 한다고 하자. 그렇다고 아테네가 생겨난 이야기부터 천천히 인류의 역사를 훑어서 얘기해야 할까? 그런 강연은 가능하지도 않고 시도해서도 안 된다. 제한시간을 모두 사용해본들 고작 아테네의 멸망 정도에서 강연시간 종료라는 사태를 맞이하고 말 것이다.

어떤 강연이든 시간은 정해져 있다. 게다가 주어진 시간 안이라 해도 청중은 긴 얘기를 견뎌내지 못하는 법이다. 90%를 버리고 10%를 선택하는 화제 선택의 법칙은 실제로 화제를 얘기할 때에도 그대로 적용해야 한다. 강연의 주제에 맞춰 그에 맞지 않는 것은 과감히

쳐내라. 위에서 든 예시의 연설을 예로 든다면 '아테네에서 현대 한국까지 전쟁의 모습'을 들며 보편적인 전쟁의 모습과, 한국 전쟁의 특징을 드는 정도로도 충분할 것이다.

화제에서 얘기할 내용은 강연에 주어진 시간과 청중에 따라 달라질 수 있다. 보통 강연의 경우 5분 정도의 짧은 시간이라면 당신이 전달할 수 있는 주제는 고작해야 하나나 둘이다. 또 30분에 걸치는 긴 스피치의 경우라도 주제를 넷이나 다섯으로 한다면 그 이야기는 성공하기 어려울 것이다. 대화를 시작하기에 앞서 화제를 한정하고 선택하며 주어진 시간에 맞도록 주제를 간추릴 일이다.

살아 꿈틀거리는 이야기

루돌프 프레슈는 그의 저서 『읽기 쉬운 작문법』 중의 한 장을 '정말로 읽혀질 만한 것은 이야기뿐이다'라는 말로 시작한다. 그리고 그는 이 원리가 『타임』 지, 『리더스 다이제스트』 지에 어떻게 응용되고 있는가의 실례를 들어 증명하고 있다. 이같이 발행 부수가 큰 잡지 기사의 대부분은 순수한 '이야기'의 문체로 쓰이고 일화를 적지 않게 포함하고 있다. 심지어 이야기와는 별 상관없을 것 같은 과학 잡지에서조차 일화를 포함한 이야기체 방식이 널리 쓰이고 있다.

훌륭한 연설가는 훌륭한 이야기꾼이기도 하다. 비단 이런 말을 할 필요도 없이 오늘날 이야기체를 쓰지 않는 연설가는 찾아보기 힘들다. 이야기 속에는 화자 자신의 경험을 포함한 일화가 들어 있고, 이 일화는 화자와 청자 사이의 거리를 형식적이나마 가깝게 만들어준다. 대중에게 사랑받는 목사인 노만 빈센트 필Norman Vicent Peale의 설교는 텔레비전이나 라디오에서 많은 시청자를 모으고 있는데, 그는 스피치를 생생하게 하기 위하여 '실례'를 즐겨 사용한다.

그는 일찍이 『변론에 대한 계간지』의 기자에게 이렇게 말한 적이 있다.

"내가 아는 한 생각을 명료하게 하고 흥미를 가지게끔 하며 설득력이 있는 가장 놀라운 방법은 사실에 적용한 실례입니다. 항상 나는 그때그때 몇 가지의 실례를 들어가면서 중요한 논점을 증명합니다."

그러면, 어떻게 하면 '실례'라는 재료를 적절하게 사용할 수 있는 기술을 배울 수 있을까? 이제 그 기술에 대해 하나하나 차례대로 살펴보겠다. 그것은 곧, 인간미 풍부한 일화를 찾을 것, 개인화할 것, 구체적으로 표현할 것, 회화를 넣어 극적인 효과를 올릴 것, 시각화할 것 등이다.

◆ 인간미 풍부한 일화를 찾아라!

얼마 전 모기업 임원들을 대상으로 각자 생각하는 '성공의 비결'에 관해 말해보도록 교육과제를 내어본 적이 있다. 교육과제라지만 엄연한 스피치 훈련이다. 그런데 대체로 그들은 근면, 인내심, 야심 같은 추상적인 미덕만을 나열하면서 스피치라기보다는 흔히 듣는 설교에 가까운 이야기만을 했다. 그래서 나는 일단 스피치를 중단시키고 다음과 같은 부탁을 했다.

"우리는 설교를 듣고 싶은 것이 아닙니다. 그런 말씀을 환영하는 사람은 아무도 없을 것입니다. 무슨 말을 해도 그것이 관심 있는 이야기가 아니면 어느 누구도 주의를 기울이지 않을 것입니다. 차라리 미화된 '가십Gossip'거리라 할지라도 그것이 오히려 흥미를 끄는 것이 될 수 있습니다. 그러니까 이제부터 여러분께서는 알고 있는 두 사람의 인물에 대해 이야기해 주시기 바랍니다. 한 사람은 성공을 이루어 낸 분이고, 또 한 사람의 실패한 분이 있다면 그 까닭이 무엇인가에 대해서 말하는 겁니다. 그러한 이야기라면 우리는 재미있게 듣고 기억에 남아 깨닫고 교훈을 얻을 수 있을 것입니다."

사람은 자신의 감정을 이입할 수 있을 때 이야기에 몰입한다. 그리고 감정을 이입할 수 있는 가장 쉬운 방법이 '그들이 겪을지도 모르는 일화'를 이야기 속에 집어넣는 일이다. 세상에서 흔하게 있는 일을 이야기한다고 해도 인간미가 있는 일화를 가미한다면 인정에 호소하는 효과가 훨씬 더하다. 극단적으로 말하자면, 감정을 이입하여 공감을 끌어낼 수 있다면 이야기의 내용은 아무래도 좋다. 될 수 있으면 요점은 요약하고, 요약한 요점을 구체적인 실례로써 증명해 보자. 이와 같은 화법을 사용한다면 틀림없이 대다수 청중의 관심을 끌 것이다. 물론 당신의 환경과 체험이 인간미가 있는 화제의 근원이다.

자신의 얘기를 하기 거북하다고, 혹은 청중 앞에서 사사로운 얘기를 하면 안 될 것 같다는 예의에 휩쓸려 귀중한 체험담을 소개하길 주저해서는 안 된다. 청중이 당신의 연설에 반감을 보인다면 그건 당신의 연설 방식이 예의에 어긋나기 때문이 아니라 공감을 끌어내지 못했기 때문이다. 공감을 위해서는 먼저 청중의 눈높이로 내려와야 한다. 지나치게 도덕적인 연설 방식을 사용해서는, 지나치게 얽매여 있어서는 그런 일은 결코 벌어지지 못할 것이다.

◆ 실명을 들어서 개인화하라

하지만 일화를 들어 공감을 끌어내는 경우에도 조심해야 할 점이 있다. 만약 자신의 얘기가 아닌 다른 사람에게서 들은 것을 이야기하는 경우에는 절대로 그 사람들의 실명을 사용해서는 안 된다. 그 사람들의 이름을 밝히지 않으려면 가명을 사용해야 한다. 그러나 가명을 사용할 경우에라도 우리는 청중의 공감에서 지나치게 멀어지는 방법은 피하는 편이 좋다.

'그 사람'이라든가 '모 씨' 혹은 '아는 사람의 얘기입니다만…….'라는 식으로 이야기를 끌어가기보다는 비개성적이고 가명일 것이 뻔한 이름일지라도 홍길동 씨라든가 전우치 씨처럼 제대로 이름을 붙여 말하는 편이 훨씬 설득력이 있다. 이름이 붙는 순간, 흔한 얘기조차 사람들은 특수성, 개성을 갖고 받아들이기 때문이다. 이름이 갖는 개인화의 힘이다.

루돌프 프렛슈는 다음과 같이 지적한 바 있다.

"이야기에서 이름만큼 진실미를 주는 것은 없다. 이와 반대로 익명처럼 비현실적인 것도 없다. 소설에서 주인공의 이름이 없다는 것을 연상해보라."

스피치에 이름이라든가 인칭 대명사를 많이 쓸 경우, 청중의 마음을 사로잡을 확률이 커진다. 그때는 아무리 흔한 이야기, 아무리 도덕적인 설교를 하고 있더라도 스피치는 이야기의 영역에 발을 들여놓기 때문이다. 예나 지금이나 인간의 관심을 자극하는 데에는 이야기가 제일이다.

◆ 세부적이고 구체적으로 표현하라

오래전에 강원도 오대산으로 여행을 갔을 때의 일이다. 깊은 산속에서 길을 잘못 들어 헤매다가 날이 저물어 마을을 찾아 쉬어 가기로 했다. 때마침 지나가는 할아버지 한 분을 만나 길을 물었다.

"쉴 만한 민박이나 모텔이 있는 곳을 가려면 얼마나 가야 있는지 좀 알려주세요."

할아버지는 흔쾌히 손을 들어 한쪽 길을 가리키며 말했다.

"저쪽으로 쭉 가서 조금만 가면 삼거리가 나오는데 거기서 오른쪽 길로 조금만 가면 민박촌 간판이 보일 거요."

감사의 인사를 하고는 우리 일행은 부지런히 길을 재촉해서 걸었다. 그런데 가도 가도 산모퉁이는커녕 삼거리도 나오질 않는 것이었다. 우리 일행은 족히 삼십 분을 걸어서야 할아버지가 이야기해주신 삼거리를 만날 수 있었다. 할아버지가 말하는 '조금만'과 우리 일행이 생각하는 '조금만'이 아주 많이 달랐던 것이다.

사람은 저마다 생각이 다르다. 서로의 생각이 다르기에 구체적으로 이야기를 주고받지 않으면 서로 다른 엉뚱한 그림을 그리는 경우가 생긴다. 결국에는 원하는 것을 주고받지도 못하고 불편을 겪거나 오해를 사고 만다. 예를 든 일화에서도 '조금만'이라는 말 대신 "내 걸음으로 한 삼십 분쯤"이라고 답했다면 괜히 마음 졸이며 고생하는 일은 생기지 않았을지도 모른다.

대부분의 오해는 '내가 알고 있는 것을 남들도 당연히 알고 있다'

라고 착각하는 것에서 발생한다. 할아버지 역시 당신의 '조금만'이 우리 일행의 '조금만'과 다르지 않다고 생각한 것에서 비롯되었다. 강연에서도 마찬가지다. 어떤 상황을 이야기할 때는 가급적 세부적이고 구체적으로 이야기해야 한다.

하지만 그것을 어떻게 분명하고 구체적으로 설명했다는 확신을 가질 수 있을까? 이런 경우 신문기자가 기사를 쓸 때처럼 육하원칙을 사용해보면 어려움을 덜 수 있다. 즉, 이야기를 하면서 '누가·언제·어디서·무엇을·왜·어떻게'라는 질문에 스스로 대답해보는 것이다. 이 방식을 따르면 당신이 드는 예는 어느 청중의 앞에서든 '선명한 색채와 생생한 생명력'을 가지게 될 것이다.

◆ 회화를 넣어 극적인 효과를 올려라!

예를 하나 들어보자. 흔히 있을 수 있는 일이다. 어느 회사 상담실의 상담원이 겪었던 일이다. 그는 회사제품을 구매한 고객의 불평을 듣고 원만한 해결을 해주어야 하는 입장이다.

"한 사람이 다짜고짜 사무실에 들어와 지난주에 배달한 전기제품이 잘 가동되지 않는다면서 골이 잔뜩 나 있었습니다. 저는 고장 난 부분에 대해서 최선의 애프터서비스를 해드리겠다고 했습니다. 그는 우리가 수리하는 데 최선을 다할 성의를 표현했다는 것을 알고는 화가 누그러져 돌아갔습니다."

어떤가, 이 이야기가 생생하게 받아들여지는가? 육하원칙에도 충실하고, 사건도 성실히 설명하는 것 같지만 어딘지 전형적인 평범한 예시처럼 느껴질 것이다. 좀 더 곰곰이 따져보면 앞의 예문은 제법 명료하게 표현되어 있긴 하지만 등장인물의 이름이 빠졌고 상세성이 부족하다. 무엇보다 실제로 일어난 일 같은 생각이 전혀 들지 않는다. 이런 경우 이야기에 대화를 첨가하면 보다 생생하게 전달할 수 있다. 다시 예를 하나 들어보겠다.

"지난주 화요일의 일이었습니다. 사무실 문이 큰소리로 열리기에 보니, 단골손님 제임스의 얼굴이 눈에 띄었습니다. 자리를 권할 사이도 없이 그는 이렇게 소리쳤습니다.

'당신하고는, 이것이 마지막 거래일세, 마지막이야. 지금 당장 우리 집에 가서 지하실에 있는 세탁기를 도로 가져가게.'

영문을 몰라서 무슨 일이냐고 물어보니 그는 내 질문이 끝나기가 무섭게 짜증스럽게 말했습니다.

'기계가 엉망이잖소. 세탁물이 휘감겨 집사람은 화가 잔뜩 나 그딴 식이면 집어치우라는 거야!'

저는 그에게 좀 더 진정하고 앉아서 자세히 설명하라고 했습니다. 그러자 그는 이렇게 말했습니다.

'회사에 늦으니 앉을 시간은 없소. 처음부터 이런 곳에서 세탁기를 안 샀으면 되는 것인데 후회가 막심이오. 정말로 이젠 두 번 다시 이 같은 실수는 안할 거요.'

그가 여기까지 말하고 책상을 치는 바람에 책상에 올려놓았던 가족사진 액자가 넘어졌지요.

'진정 좀 하시고…….' 하고 저는 달랬습니다.

'잠시라도 앉아서 이야기 좀 해보세요. 제가 할 수 있는 일이라면 무엇이든 하겠습니다.'

제 이야기에 성의가 느껴졌는지 그는 화를 가라앉히고 조용히 타협해서 그 사건은 일단락되었습니다."

연설에 '회화'를 집어넣으면 막연하던 줄거리가 명확해지고 사건이 진짜 일어난 것처럼 생생해지는 효과가 있다. 영화나 드라마를 설명할 때도 줄거리만 읊는 것보다는 장면 장면의 대사를 섞어주는 편이 더 효과적이지 않은가? 만약 목소리를 조금씩 바꾸어서 실제 배우와 비슷하게 얘기할 수 있다면 청중은 더욱 몰입하게 될 것이다.

이같이 스피치에 대화를 사용하면 그 말은 일상의 회화처럼 실감을 주게 되며, 청중에게 마치 화자와 마주앉은 듯한 인상을 갖게 할 것이다.

◆ 온몸과 표정으로써 시각화하라!

어느 심리학자의 말에 의하면 우리의 지식 85퍼센트 이상은 시각적인 인상을 통해서 얻어진다고 한다. 이것은 텔레비전이 오락의 구실만 하는 것이 아니라 선전 매체로서의 기능을 효과적으로 수행하고 있는 것을 봐서도 의문할 여지가 없다. 그러므로 대중을 상대로 하는 스피치 역시 청각적인 기술인 동시에 시각적인 기술인 것이다. 특히 요즈음은 강연 시 컴퓨터와 프로젝터를 이용하여 다양하고 다채로운 프레젠테이션 기법들을 많이 활용하고 있다. 하지만 이런 기법 역시 이제는 주요 기법으로 사용하기에는 다소 식상한 감이 있다. 아무리 화려하고 멋진 영상을 보여준다고 하더라도 강연자가 오직 그것에만 의존하여 이야기한다면 청중은 쉬 흥미를 잃고 의미 없는 시간을 보낼 수밖에 없을 것이다.

그렇다면 어떻게 해야 할까? 시각적인 인상을 활용하면서도 컴퓨터나 프로젝터가 주는 식상함을 벗어날 수 있는 방법은 무엇일까? 그것은 바로 연설가 '자신의 몸을 활용하는 방법'이다. 내용에 따라 적절히 표현하는 연설가의 몸짓은 세월이 아무리 흘러도 변하지 않는 연설가만의 개성이자 무기이다. 뛰어난 연설가는 전자 장비보다도 자신의 몸을 더욱 숙련되게 활용한다.

이 방식의 기본은 말하는 내용을 눈에 보여주듯이 표현하는 것이다. 만일 골프의 스윙 동작을 몇 시간 동안 말로만 설명한다면 듣는 사람은 매우 지루할 것이다. 이 같은 내용을 수많은 동영상과 사진으로 보충한다 해도 청중의 시선을 오래 붙잡기란 힘들다. 하지만 페어웨이를 벗어나지 않고서 공을 날리려면 어떻게 하면 되는지, 잘못된 자세란 무엇인지, 말하는 사람이 실제 동작으로 시범해 보인다면 당신에게 모두 이목을 집중시킬 수 있을 것이다. 더구나 이런 방식은 이야기 속에 '실화'를 포함하는 방법처럼 청중을 감정 이입시키

는 효과마저 지니고 있다. 이와 마찬가지로 온몸으로 위태롭게 흔들리는 비행기를 흉내 낸다면, 구사일생으로 살아난 당신의 이야기에 모두 귀를 기울이며 공감할 것이다. 해묵은 격언이지만 '그림으로 보여주는 것은 천만 마디의 말로 설명하는 것보다 낫고', '백 번 묻는 것도 한 번 보는 것만 못하다.'라는 말도 있지 않은가!

비유를 들 때는 더욱 구체적으로

주의력을 가지고 상대방을 끌어당기는 과정에어떤 사람에게 있어서나 제일의 목적 있어서, 좀 더 중요하고 보조 수단이 되는 기술이 있다. 이

것이야말로 당신의 화술을 더 한층 돋보이게 하는 가치 있는 일이다. 하지만 보통의 화자들은 그런 것이 있다는 사실조차 모르고 있다. 어쩌면 그런 것을 의식하고 생각해본 일도 없을지도 모른다.

그 기술이란, 상대방의 마음속에 영상을 만들어내는 작용을 가진 말솜씨를 사용하는 것이다. 한 마디를 하더라도 상대방의 마음속에서 영상이 그려진다면 그 한 마디는 백 마디의 말보다 더 강렬한 체험을 마음속에 남길 수 있다. 막연하면서도 흔해 빠진, 그림이 그려지지 않는 상징적인 어휘를 쓰는 강연자는 청중을 지루하게만 만들 뿐이다.

예를 들어보자. 평범한 작가라면 '완전한 것을 개선하고자 하는 것'을 '쓸데없는 일'이라고 표현한다. 그런데 셰익스피어는 같은 개념을 영원불멸한 영상적인 언어로 구사하여 표현한다.

'정제한 금에 금박을 입히고, 백합꽃에 물감을 들이며, 제비꽃에 향수를 뿌리는 것'과 같다.'

꼭 셰익스피어만이 아니라 오래도록 사랑받는 작품은 대체로 '영상을 떠오르게 하는 문장'을 착실하게 포함하고 있다. 세대에서 세대로 전해져 내려오는 속담은 거의 시각적인 표현으로 되어 있음을 유의해 봐야 한다.

'손 안의 한 마리 새는 풀숲 속의 두 마리와 같다.' '이왕 오려면 억수로 오라.' '말을 물 있는 곳으로 끌고 갈 수는 있어도 그 물을 먹일 수는 없다.' 등이 그것이다.

더구나 여러 세기에 걸쳐 활용되고 너무도 많이 쓰여 왔기 때문에 낡아버린 대부분의 비유에도 이와 같이 영상적인 요소가 있다는 것을 알 수 있다.

'빈대처럼 납작한', '꿀 먹은 벙어리모양 잠자코', '돌처럼 굳은', '여우같이 교활한' 등등. 이미 너무 익숙해져 해묵은 표현이라고 해도 좋을 표현들이지만, 뒤집어 생각하면 익숙한 느낌이 들 정도로 우리에게 오랫동안 사랑받아 온 표현들이기도 하다.

연설의 경우도 마찬가지다. 「게티스버그 연설」로 유명한 링컨은 언제나 시각적인 용어를 사용하여 스피치를 했다. 비단 스피치뿐만 아니라 그는 삶의 매 순간마다 이러한 용어를 사용하여 대화에 활기를 줄 줄 아는 사람이었다.

어느 날, 장황하고 도무지 요지를 알 수 없는 보고서가 백악관의 대통령 책상 위에 올라왔다. 이 보고서를 보고 실망한 링컨은 의미 있는 비유로서 일침을 주었다. 그의 말은 사람들의 기억에 남을 만한 영상적인 말이었다.

"말을 사오라고 시켰을 때 알고자 하는 것은, 그 말의 좋고 나쁨을 판정하는 발굽이지 말꼬리의 털이 몇이냐는 것이 아니다."

어떤가. "논점이 틀렸으니 다시 작성해오세요!"보다는 훨씬 설득력 있는 표현이 아닌가? 그러므로 여러분은 청중의 시각에 호소하는 능력을 연마할 일이다. 석양을 등지고 그림자처럼 부각한 수사슴의 뿔과도 같이 날카롭고 섬세한 영상을 말로써 그리는 것이다.

이런 기술은 평소 단어에 대해 고민해보는 동안 자신도 모르게 향상시킬 수 있다. 요컨대 '개'라는 말을 떠올리면 코커스파니엘 · 세인트버나드 · 스카치테리아 · 포메라니어 따위의 이미지를 어떻게든지 머릿속에 그려보자. 단순한 '개'가 아닌 '불독'이라면 그 동물의 이미지를 머릿속에 얼마나 선명하게 떠올릴 수 있는가? "골목을 지나가는데 개가 한 마리 짖고 있더라."라는 말과 "골목을 지나가는데 불독이 한 마리 으르렁거리고 있었어."라는 말은 또 얼마나 다른가? 혹은 "해질 무렵 으슥한 골목을 지나가는데 쓰레기통 위에 시커먼 불독이 한 마리 으르렁거리고 있었어."라는 말은 한층 더 선명한 인상을 불러일으키지 않겠는가? 매사에 표현을 할 때 구체적으로 표현하는 일은 훌륭한 연설을 하는 데에도 적지 않은 도움을 준다.

윌리엄 스트랑그 주니어는 『문제의 요소』라는 저서에서 다음과 같이 말하고 있다.

"독자들의 주의력을 환기시키기 위한 가장 적절한 방법으로 상세하게, 구체적으로 명확하게 기록한다는 점이 문장 기교를 배운 사람들 사이에 서로 의견이 일치되는 것이리라. 위대한 작가, 셰익스피어·호머·단테 등은 스토리를 섬세하게 그림으로써 설득력을 가진 것이다. 그들의 이야기는 한결같이 영상을 불러일으킨다."

글뿐만 아니라 말을 할 때도 마찬가지이다. 프랑스의 철학자 아랑은 이렇게 말했다.

“어느 경우라도 추상적인 문체는 좋지 않다. 금속, 돌, 의자, 테이블, 동물이라든가 남자나 여자로 당신의 문장을 채우는 게 좋다.”

일상 회화에서도 같은 말을 할 수 있다. 사실 사람들 앞에서 말을 할 때에 그 세부사항에 대하여 어떻게 유의할 것인가에 대해서 지금까지 설명한 것은 모두가 일반적인 회화에도 해당된다. 다시 말하자면 대화에 있어서 활기를 주는 것은 세부적인 것이다. 그러므로 보다 효과적인 회화를 하게 되기를 바라는 사람이면 누구나 여기에 담긴 충고를 따를 것을 권하는 바이다. 만일 당신이 세일즈맨이어서, 판매에 그것을 응용한다면 세부적이라는 것이 얼마나 매력적인가를 발견할 수 있을 것이다. 중요한 지위에 있는 사람이나 교사, 가정의 주부도 명령을 내리고 정보를 제공할 경우에 구체적이면서도 사실에 근거를 둔 세부 묘사를 하게 되면 크게 개선의 효과가 생긴다는 것을 알 수 있을 것이다.

02

대화에 생명을 부여하라

성실과 진지함으로 호소하라!

여기에 설득력 있는 연설에 대한 해답이 있다. 청중의 마음을 사로잡기란 그렇게 어려운 일이 아니다. 그것은 오직 화제에 대한 열정의 불꽃을 피우는 것이다. '화자의 열정'은 그 어떤 사실과 근거를 떠나 청중을 감정적으로 호응하게 만들어버린다. 앞에서도 스피치하고자 하는 주제에 감정을 담아야 한다는 중요성을 강조해왔다. 자신이 선정한 주제에 마음으로부터 열중한다면 청중은 당신이 말하고자 하는 바를 믿게 할 수 있을 것이다. 가령, 취미나 여가의 활용에 대해서 그에 대한 경험이 있다든지, 깊이 생각하는 바가 있다든지, 또는 개인적인 관심이 있다는 등 이러한 이유로써 당신을 흥분시킬 만한 화제를 선정한다면 열의 있는 스피치를 한다는 사실은 어려운 일이 아니다.

열의가 있는 스피치는 내용과 상관없이 청중을 끌어당기는 힘이 있다. 때로는 그것이 역사를 이루는 힘이 되기도 한다. 터무니없는 목표를 주장하고, 대중을 설득하여 꿈을 이룬 예시는 얼마든지 있다. 아니, 그런 스피치가 없었다면 현대의 많은 기업도, 지금 이루어지고 있을 숱한 과학적 연구도, 아니 근세와 중세의 숱한 지리적 발견도 이루어지지 못했을 것이다.

가령, 어떤 세일즈맨이 뿌리나 종자가 없어도 목초를 재배할 수 있다는 터무니없는 말을 꺼낸다고 생각해보자. 그가 그 사실을 진정으로 믿고 말한다면 청중 중에는 반드시 지지자가 생긴다. 말에 든 내용보다는 화자가 보이는 열정에 먼저 감동해버리는 것이다. 설령, 그것이 잿더미에서 목초를 낳는다는 만큼이나 허황된 주장이더라도 그렇다. 하물며 그것이 상식과 진실에 뒷받침된 이야기라면 그 확신은 얼마나 큰 설득력을 가지겠는가. 그런데 대부분의 화자들은 자신이 채택한 화제에 관해 청중이 흥미를 가져줄 것인가만 염려할 뿐 정작 화자 그 자신의 열정과 흥미에는 무관심한 경우가 많다.

볼티모어에서 열린 강좌에서 어떤 사람이 '현재의 어획법으로 체사피크만의 쏨뱅이scorpion fish를 잡아간다면 불과 몇 년 안에 물고기는 멸종할 것이다'라는 경고를 주장했다. 그는 자신의 스피치 주제에 열중하고 있었고, 그의 생각에 그것은 중대한 주제였다. 그의 말씨나 태도에는 상황을 심각하게 여기는 화자의 근심이 역력하게 드러나 있었다. 말투 하나하나에도 감정이 흘러넘쳤다. 당연하지만 그 사람은 강좌에 열린 사람들을 고스란히 자기편으로 만들어버렸다.

"그가 스피치를 시작했을 때, 나는 체사피크 만에 그런 고기가 살고 있다는 것조차 모르고 있었다. 청중의 대다수가 나와 같이 그것에 대한 지식이나 관심이 없었을 것이다. 그러나 그의 이야기가 끝나기도 전에 우리 모두는 이 물고기를 보호하도록 정부에 요청하는 청원서를 서명할 생각을 갖게 되었다."

이탈리아 대사를 역임한 리처드 워슈반 차일드는 일찍이 독자의 흥미를 끄는 저술가로서 성공한 비결에 대해 다음과 같이 말했다.

"인생은 너무도 신기하고 놀라운 것이라서 저는 가만히 있을 수 없습니다. 어떻게 해서라도 이것을 사람들에게 알리고 싶어졌습니다."

그 누구라도 이러한 화자나 저술가에 매혹되지 않고서는 견딜 수 없을 것이다. 열정은 청중을 끌어당긴다. 이 끌어당김은 이성이 아니라 감성에서 오는 것이다. 터무니없어 보이는 화자의 말에조차 청중이 호응하는 것은 바로 이러한 점에서 나온다. 무엇보다 말하는 내용을 화자 자신이 가슴 깊이 확신하고 있다면 이러한 효과는 더욱 커질 것이다. 지금까지 말해 온 것과 같이 자신에 합당한 화제를 선택한다면 스피치의 성공은 의심할 필요가 없다. 이에 더하여 화제를 어느 한 곳에 한정시킨다면 성공은 절대 확실한 것이 된다. 그러므로 당신의 신념을 소신 있게 밝히도록 하라.

언젠가 텔레비전에서 사형에 대한 공청회의 실황을 방송한 일이 있었다. 많은 참고인이 초청됐으며 각자 사형의 시비에 관해서 어느 한쪽의 의견을 말했다. 그중 로스앤젤레스의 경관이 있었는데, 그는 여러 날 동안 이 문제에 관해서 생각을 했던 모양이었다.

동료 경관이 범죄자와의 총격전에서 12명이 목숨을 잃었다는 것에 근거하여 굳은 신념을 가지고 있었다. 그는 자신의 주장이 정당하다는 것을 마음으로부터 믿고 있는 자만이 가질 수 있는 확고한 태도로 말했다. 그의 주장이 참고인들의 호응을 얻었음은 물론이다.

괜히 멀리서 찾을 필요가 없이 누구나 인생의 어떠한 국면에 대해서 굳게 믿는 바는 있을 것이다. 평소 이러한 주제라면 당신의 의식 표면에 건성으로 달려 있는 것이 고작이다. 그 까닭은 그런 것에 관해서는 너무 당연하게 생각해서 정작 치밀한 고민은 못하고 지나치고 있기 때문이다. 하지만 이렇듯 묻혀 있던 신념을 한번 자신 있게 드러내보자. 역사에 남을 웅변들은 모두 신념을 가진 웅변가에 의해 이루어졌다. 청중의 마음속에 호소하는 힘이란 강한 신념과 깊은 감동의 바탕에서 일어나는 것이다. 성실은 신념에 근거하며 신념이란 지성과 무엇을 말할 것인가에 대한 냉정한 생각과 함께 스피치에의 뜨거운 정념에서 이루어진다.

나는 지금까지도 모기업 특강강사로 모셨던 어떤 변호사의 일을 기억한다. 그는 유창한 스피치를 했을 뿐만 아니라 연설하는 방식 역시 참으로 박력이 있었다. 체구도 컸고 목소리도 호소력이 있었다. 그러나 그의 강연을 들은 사람들은 하나같이 이렇게만 말할 뿐이었다.

"참 똑똑한 사람이군."

말하자면 그는 표면적인 인상 외에는 주지 못했던 것이다. 겉만 번지르르하고 논리정연해 보일 뿐, 그 변호사의 스피치 속에는 아무런 감정도 들어 있지 않은 것같이 보였기 때문이다.

그 뒤 다음 주에 나는 또 다른 변호사의 특강을 접하게 되었다. 앞의 변호사와 같은 컨설팅 그룹에서 일하고 있는 분이었는데, 이 분은 앞서 강연한 분과 달리 몸집도 작고 풍채도 보잘것없었다. 뿐만 아니라 말하는 것도 더듬거리며 가끔은 말문이 막히기도 했다. 그러나 그의 말 한 마디 한 마디에는 감정이 담겨 있었고, 청중의 마음속에는 뚜렷하게 진심어린 이야기가 전해졌던 기억이 난다. 물론 청중들의 반응도 좋았고 그 후에도 나는 그 분에게 몇 번이나 강연을 요청한 일이 있었다.

"마음은 이성이 모르는 이성을 내포하고 있다."

파스칼의 이 날카로운 성찰이 진실을 말한다는 점이 갖가지의 형태로 증명되고 있다는 사실을 우리는 삶을 통해서 느끼고 경험하고 있다.

분열된 미국을 통합하여 만인의 존경을 받는 에이브러햄 링컨 역시 그렇게 세련된 사람은 아니었다. 외모 역시 그렇게 남에게 호감을 주는 인상은 아니었다.

하지만 링컨이 워싱턴의 포드극장 귀빈석에서 암살당한 지 오랜 세월이 지났지만 깊은 성실로 일관된 그의 생애와 생존 시의 언행은 지금까지도 우리들과 함께 살아 있다.

그 당시에도 법에 관한 지식은 링컨보다 뛰어난 사람이 적지 않게 있었을 것이다. 그리고 링컨에게는 대인접대 사교술의 세련됨이나 기품은 부족한 점이 많았다고 한다. 그러나 게티스버그에서, 쿠퍼 유니온에서, 또는 워싱턴의 의회 의사당의 단상에서 그가 말한 강연의 성실성과 진지함은 미국의 전 역사를 통하여 그에 유사한 전례가 없다고 해도 과언이 아니다. 거듭 말하지만 '확고한 신념'을 갖고 말한다면, 청중은 그에 '화답'한다. 내용이 아니라 신념을 말하는 그 열정에 말이다. 그리고 이성적으로 판단하기 전에 마음이 먼저 그를 믿어버린다.

그때에 느꼈던 생생한 감정을 재생하라!

가정해보자. 예전에 당신은 운전을 하며 '제한속도'를 위반했다. 결국 경찰관이 당신의 차를 세우고 면허증을 요구하며 결국 딱지를 떼고 가버렸다. 비교적 흔하다면 흔할 수 있는 일이지만, 그때의 일을 연설에서 일화로 들려고 한다. 그럴 때 당신은 어떤 식으로 이 사건을 연설에 인용하겠는가? 우선 생각할 수 있는 방법은 마치 제3자인 것처럼 그때 정황을 객관적으로 이야기하는 방법이다.

'당신은 약속에 늦었고, 결국 속도를 위반해버렸다. 그러다 경찰관에게 걸렸고, 면허증을 제시했으며 경찰관은 벌금딱지를 끊었다. 벌점도 높아질 것이고, 안타까운 생각은 들겠지만 법을 어겼으니 어쩔 수 없는 일이며 경찰관이라면 벌금을 부과하는 것도 당연한 일이었다.'라고 말이다. 당사자인 당신도, 경찰관의 입장도 아닌 그 상황을 밖에서 목격한 다른 사람의 시선에서 이야기를 서술하는 것이다. 물론 이렇게 말하는 것이 한쪽으로 치우치지 않는 공정한 서술이 될 수는 있다.

하지만 실제로 일을 겪은 당사자의 심정까지는 온전히 드러내지 못한 밋밋한 서술이 되어버리고 말 것이다. 이런 서술은 누구나 겪을 수 있는 흔하디흔한 일로 정말로 별다를 것 없는 일이 되어버리고 만다.

청중은 언제 어느 때 위반을 했고, 경찰관과는 무슨 얘기를 했다는 식의 빤한 얘기를 듣고 싶어 하지 않는다. 특별하지 않은 일을 얘기할수록, 청중은 그 '평범한 이야기 속에 숨은' 무언가를 발견하지 않을까 기대를 하게 된다. 예로 든 이야기에서도 오히려 청중은 경찰관의 지적을 받고 딱지를 떼는 동안 당신이 느낀 감정에 더욱 궁금증을 가질 것이다. 위반에 걸렸을 때의 난처한 느낌, 경찰관이 다가올 때의 불안한 심정, 그리고 딱지를 떼는 동안 느꼈던 멋쩍으면서 허탈했던 심정 등 그 당시 당신이 느낀 감정을 생생하게 드러내면 드러낼수록 청중은 더욱더 당신의 연설에 공감하며 빠져들 것이다.

사람들은 인생에 대한 갖가지 감정이 어떻게 표현되고 있는가를 보고 듣기 위해서 영화를 보거나 TV 드라마를 보기도 한다. 또는 소설책이나 신문을 읽기도 한다. 심지어 인터넷 공간의 게시글이나 뉴스를 볼 때조차 사람들은 원래의 글보다는 그 밑의 댓글에 시선을 둘 때가 있다.

언제부터인지 모르지만 우리는 남 앞에서 감정을 그대로 드러내기를 주저하며 살아가고 있다. 그 때문에 억압된 감정의 발산을 '드라마' 보는 것으로 충족하려 한다. 때로는 댓글이나 가십에서 다른 사람의 감정을 모호하게나마 알아내려 애쓰기도 한다. 감정을 숨기는 문화가 거꾸로 감정에 호기심을 느끼는 현상을 일으키는 것이다.

청중을 앞에 세운 강연 역시 마찬가지다. 사람들 앞에서 이야기를 할 때 스피치에 담긴 개인적 감정의 양이 많으면 많을수록 그 스피치는 청중의 관심을 불러일으킨다. 청중 앞에서 말을 하는 사람은 스스로 정직한 마음을 억압해서는 안 된다. 한 사람의 인간으로서 마땅히 불태워야 하는 열정이나 격한 심정에 물을 끼얹는 짓을 해서도 안 된다. 그렇지 않다면 자신의 주제에 대하여 얼마나 열심히 말하고 싶어 하는가를 청중에게 보이는 일은 요원해지고 말 것이다. 화자의 감정은 화자의 열정을 보여주며, 그렇게 드러난 열정에 청중은 감동할 것이다.

열정을 몸이 기억하게 하라!

강연을 하다 보면 이러한 열정을 보여주는 일이 생각보다 쉽지 않다는 걸 깨닫게 될 때가 종종 있다. 사람에 따라서는 남 앞에서 무언가 말한다는 것 자체를 어려워하는 경우도 있고, 때로는 호의적이지 않은 청중 앞에서 자신의 의견을 이야기해야 할 때도 있다. 그리고 일어나선 안 될 일이지만, 화자가 이야기할 내용을 제대로 준비하지 못해서 불안에 떠는 상황을 만들어버릴 수도 있다.

그러나 걱정하지 말자. 마음과 몸은 함께 간다지만, 때로는 몸이 마음을 떠미는 경우도 있다. '어려울 때일수록 웃어라.'라는 말처럼 마음보다 먼저 몸을 준비하는 일은 열악한 상황에서 한 점의 여유를 찾는 계기가 되어 준다. 실행 역시 어렵지 않다. 활기차게 걷고, 자신 있게 이야기하면 그뿐이다. 청중 앞으로 걸어갈 때는 매우 즐거운 일이 기다리고 있는 것처럼 나가야지, 사형대에 올라가는 것처럼 올라가서는 안 된다. 활발한 걸음은 당신에게 기적을 가져다줄 것이다. 그것은 청중에게 당신이 말하고 싶어 못 견딜 것 같은 느낌을 주게 된다.

특히 말을 시작하기 전에 숨을 크게 한 번 쉬고, 머리를 숙이거나 테이블에 바짝 다가가서 기대거나 해서는 안 된다. 당신이 주저하는 몸짓을 취한다면 청중이 그걸 알아채기 전에 당신의 마음이 그걸 실행하고 말 것이다.

일단 몸가짐이 갖추어졌다면, 다음은 당신의 마음에 따라라. 당신은 지금부터 청중에게 무엇인가 유익한 말을 하려고 하고 있으며, 당신의 모든 행동이 그 사실을 분명하게 말해주고 있다. 당신은 청중을 앞에 둔 단상 위에서 무엇이든 마음대로 할 수 있는 오케스트라의 지휘자다.

“어려운 일을 시작할 때, 그 성패에 가장 큰 영향을 주는 것은 다른 것이 아닌 ‘행동’이다.”

윌리엄 제임스의 이 말처럼 강연을 성공시키려면, 강연을 성공시킬 수 있는 사람처럼 행동해야 한다. 강당 뒤에까지 미칠 만큼 분명하고 크게 목소리를 내면 그 소리는 거꾸로 당신에게 강당을 흔들 용기를 북돋아줄 것이 자명하다. 거기에 열정적인 몸짓까지 더해진다면 그것도 또한 당신을 자극시킬 것이다.

‘열정가처럼 행동하면 스스로도 열정가처럼 느껴진다.’ 열정은 청중을 이끄는 중요한 힘이다. 그리고 청중보다 먼저 화자를 이끄는 힘이기도 하다.

03

청중과 주고받기를 하라

청중이 관심 갖는 화제로 다가가라!

한 농부가 다이아몬드를 갖고 싶다는 생각에 논밭을 팔고 여행을 떠났다. 그러나 긴 여행의 끝에 농부는 결국 아무 소득도 없이 죽고 만다. 그런데 훗날 농부가 판 논밭에서 다이아몬드 광산이 발견되었다.

러셀 허먼 콘웰 박사의 다이아몬드 강연의 줄거리다. 미국 최고의 명강사를 꼽으라고 하면 사람들은 흔히 러셀 허먼 콘웰 박사를 말하곤 한다. 콘웰 박사는 먼 곳을 찾아다니지 말고 자기 앞에 놓인 기회를 붙잡아야 한다는 '다이아몬드' 강연으로 미국인이 가장 사랑하는 동기부여 강사의 자리에 올랐다.

그는 강연을 할 때마다 그 지방의 독특한 비유나 실례를 정해 놓은 화제에 포함시키곤 했다. 그렇지 않을 경우에는 자신의 강연 원고에 꼭 '그 지방의 이름과 특색'을 끼워놓곤 했다. 이를테면 필라델피아에서 하는 그의 다이아몬드 강연은 이렇게 끝을 맺는다.

"이곳, 여러분이 살고 있는 도시 필라델피아에 다이아몬드 광산이 있습니다."

이런 방식은 청중의 관심을 끄는 데 더할 나위 없이 효과적이다. 자신이 살고 있는 고장의 얘기가 강연에 섞여드는 순간, 그 강연은 화자의 강연이 아니라 자기들의 이해, 자기들의 문제와 관계가 있는 강연이 되기 때문이다. 강연을 하는 사람이 듣는 사람에게 좀 더 관

심을 가지고 있다고 표현하는 데 이 방법만큼 좋은 방법은 없을 것이다. 이럴 때 청중은 화자의 강연에 몰입하며, 의사 전달의 길 역시 어렵지 않게 열리게 된다. 상대방이 자기 자신에 대한 이야기를 꺼내면 듣는 사람은 결코 이야기하는 사람에게서 주의를 놓지 않는 법이다.

미국 상공회의소의 전 회장이며 영화협회 회장인 에릭 존스톤은 연설을 할 때마다 이 방법을 사용하였다.

다음의 문장은 에릭 존스톤 씨가 오클라호마 대학의 졸업식장에서 학생들에게 들려준 축사의 내용이다. 존스톤 씨가 얼마나 오클라호마 대학의 사람들이 흥미를 가질 만한 소재를 자유롭게 구사하고 있는가를 주의 깊게 살펴보자.

"오클라호마란 땅은 원래 행상인에게 있어서는 버림받은 곳이었습니다. 오클라호마를 영원히 질박하고 희망 없는 땅으로 못 박아서 여행의 안내에서 제외한 것은 먼 옛날의 일이 아닙니다. 몇 년 전만 해도 오클라호마에 간 적이 있는 비둘기는 오클라호마로 가려고 하는 비둘기들에게 '양식이 충분하게 준비되어 있지 않다면 오클라호마를 피해서 가는 편이 좋다.'고 충고했다고 합니다.

그들은 오클라호마의 미래를, 새로운 미국의 영구적인 사막의 한 부분으로서만 생각한 것입니다. 그들은 두 번 다시 꽃을 피우는 일이 없을 것이라고 말했습니다. 그러나 오클라호마는 얼마 안 가서 녹지대가 되어 브로드웨이의 뮤지컬에 등장하는 명승지로 인기를 끌었습니다.

왜냐하면 '비가 개인 뒤에 바람이 불어오면 보리밭이 달콤한 향내를 풍기며 파도가 되어 흔들린다.'라고 한 정경이 또다시 이곳에서 나타났기 때문입니다. 10년 동안 이 지대는 옥수수로 덮이게 되었습니다. 그것은 계산된 계획과 신념에 대한 보답이었습니다. 그러나 현재를 과거에 비추어 보는 것은, 사물을 크게 보는 데 어울리는 편리한 방법이지 다른 무엇에 의해서가 아닙니다."

청중이 관심을 갖지 않을 수 없는 말을 사용해서 연결한 훌륭한 예문이다. 에릭 존스톤은 청중과 가장 근접한 곳에서 이야기의 예기를 찾는 식으로 이야기를 진행하는데, 그것은 충분하게 계산된 계획이었다. 그의 연설은 청중을 위한 새로운 것이었으며 단순히 준비한 자료의 복사가 아니었다.

만약, 이러한 방법이 어렵다면 청중 자신이 스스로의 성장을 상상할 수 있는 질문을 던져라. 듣는 사람이 당신한테서 어떤 화제에 대한 지식을 받아들인 결과 어떻게 각자의 문제를 해결하는지, 강연이 청중 각자의 목적을 성취하는 데 얼마나 도움이 되는가를 자문자답시켜 보는 것이다. 당신이 회계사라면 다음과 같이 이야기의 실마리를 잡는 것도 한 방법이 될 것이다.

"지금부터 여러분에게 확정신고를 할 때 오십 달러 내지 백 달러를 절약하는 방법을 알려드리겠습니다."

만일 당신이 변호사라면 유언장을 작성하는 방법을 알려 주는 것도 좋은 방법이다. 그렇게 하면, 청중은 반드시 흥미를 가질 것이다.

당신의 특수한 지식은 듣는 사람들에게 진실하고 유익한 화제가 된다고 생각하기 때문이다.

영국의 저널리즘계의 윌리엄 랜돌프 하스트미국의 신문경영자라고 불리는 노스크리프 경은 '청중의 흥미를 끄는 것이 무엇인가'라는 질문을 받고 '그것은 자기 자신의 일'이라는 대답을 했다. 노스크리프 경은 이 단순한 진리 위에 신문왕국을 세운 것이다.

『정신의 형성』이라는 책 속에서 제임스 하베이 로빈슨은 공상을 가리켜 '자발적으로 좋은 것을 모으는 사고방식'이라 정의하고 있다. 그는 책 속에서 이렇게 말하고 있다.

"엉뚱한 공상 속에서도 우리들은 자기의 관념을 될 대로 되게 놔두고 있습니다. 그것이 되어가는 우리들의 자발적인 욕망, 희망이나 공포, 그 달성 또는 좌절에 의해서 결정됩니다. 또 애정이나 분노, 우리들이 좋아하고 싫어하는 것에 의해서도 진로가 변경되는 것입니다. 우리들에게 있어서 자기 자신만큼 흥미를 끌게 하는 대상은 없습니다."

청중이 상상할 수 없는 관점으로 칭찬하라!

아무리 여럿이 모여 있다 해도, 청중 한 명 한 명은 독립된 개체이다. 아무리 많은 청중에게 이야기를 하더라도 화자는 청중 한 명 한 명과 강연장이라는 곳에서 일대일로 대화하고 있다는 사실을 잊어서는 안 된다. 청중의 반응 역시 기본은 개인으로서의 반응일 뿐이다. 이러한 청중 앞에서 화자가 취해야 하는 태도 역시 개인 대 개인의 대화에서 하는 태도와 크게 다르지 않다. 상대방을 앞에 놓고 욕을 하거나 비꼬거나 하면 분노를 가져올 뿐이다. 그들이 한 일 중에서 칭찬하여 줄 가치가 있는 것이면 그것을 서슴지 않고 칭찬해 주어라. 그러면 그들의 마음속에 들어갈 수 있는 허가를 얻는 것과 같다. 그러나 안일한 칭찬은 곤란하다. 칭찬은 공감을 일으키지만 칭찬이 아부가 되는 순간 그 공감은 심하게 변질되어버린다.

"여러분은 제가 상대한 사람들 중에서 가장 현명한 청중입니다."

이처럼 속이 들여다보이는 겉치레 인사는 오히려 청중들에게 불편한 느낌을 갖게 한다.

그렇다면 어떤 칭찬이 훌륭한 칭찬일까? 역설적이지만 칭찬 같지 않은 칭찬을 해야 한다. 불쾌하지 않으면서 흥미를 일으키는, 그리고 의미를 깨닫고 나면 기분이 좋아지는 그런 칭찬이 누구에게든 최고의 칭찬이라 할 수 있다. 연설자는 사람이 많고 적고 간에 효과적인 칭찬으로 청중을 공감시키는 연구를 게을리해서는 안 된다.

위대한 연설가 촌시 데퓨 씨의 말을 빌리면, '청중에 관한 일로써, 설마 당신까지 알고 있었으리라고 청중들이 상상도 할 수 없었던 것에 관해서 연설할 것'을 강조한다.

그 좋은 예를 들어보면 다음과 같다.

어떤 한 사람이 볼티모어 키와니스 클럽에서 연설을 하기로 했다. 그런데 그는 그 클럽의 볼티모어 지부의 회원 가운데 일찍이 국제본부 회장을 역임했던 사람과 현재 국제본부의 이사를 맡고 있는 인물이 있다는 것 외에 특별히 다른 것을 찾아낼 수 없었다. 뿐만 아니라 그 두 사람에 대한 일은 클럽회원들에게 있어서는 하나도 새로운 사실이 아니었다. 물론 평범하게 그러한 사실을 언급하며 연설 내용을 부드럽게 풀어갈 수도 있었겠지만, 그는 오히려 청중의 시선을 더 강하게 끌어당기고 싶었다. 그래서 그는 삐뚤어진 연설 방식 하나를 시도해보자고 생각하며 다음과 같은 말로 연설을 시작했다.

"키와니스 클럽의 볼티모어 지부는 101,898개나 되는 지부 중 하나입니다."

청중은 조용해졌다. 그러면서 이 사람이 큰 오류를 범하고 있다고 생각했다. 왜냐하면 키와니스 클럽은 전세계의 지부를 전부 합하여도 2,987개밖에 없었기 때문이다.

연설자는 계속 말을 이어갔다.

"그렇습니다. 여러분이 믿거나 말거나 이 클럽은 수학적으로 말해서 101,898개의 클럽 중의 하나입니다. 십만이나 이십만 개 가운데 하나라는 뜻이 아니고 정확하게 101,898 가운데 하나입니다. 왜 이런 숫자가 나온다고 생각하십니까? 키와니스 클럽에는 전 국제본부의 회장을 지내신 분과 현재 이사를 맡고 있는 분이 계십니다. 수학적으로 키와니스 클럽의 한 지부에 국제본부의 전 회장과 현 이사가 동시에 재적하는 확률은 101,898분의 1이기 때문입니다. 이 숫자에 잘못이 없다는 것을 내가 어째서 알고 있느냐 하면 존스 홉킨스라는 이학박사에게 부탁해서 계산해 냈기 때문입니다."

연설이 성공적이었음은 물론이다.

청중과의 연결고리를 찾아라!

청중과의 연결고리를 찾아라! 당연하기도 하고 기본일 수 있는 이런 얘기를 새삼 강조해서 말하는 까닭은 그 시점이 가급적 빨라야 하기 때문이다. 강연은 청중과 화자가 소통하며 공감하는 과정이랄 수 있다. 그러니 소통의 연결고리는 가급적 빨리, 가능하면 연설의 처음부터 찾아두는 편이 유리하다. 가능하다면, 아니 어떤 경우이든 간에 연설의 첫마디에 당신과 청중과의 직접적인 연결 관계를 밝혀두는 편이 좋다. 만일 그 전부터 초청을 받아 연설하게 되었다면 연설하기 전에 그 사실을 청중 앞에 분명히 밝혀두어야 한다.

영국의 수상 해롤드 맥밀런은 수상 재임 당시 인디애나 주 그린캣슬의 데포우 대학 졸업식에서 축사를 했을 때 단도직입적으로 다음과 같은 말로 청중의 마음을 사로잡은 적이 있다.

"여러분의 환영을 고맙게 받아들입니다. 영국의 수상이 이 대학에 초빙되는 기회는 별로 없었을 것입니다. 그러나 내가 수상이라는 것이 이곳에 초빙을 받은 유일한 이유라고는 생각하지 않습니다."

맥밀런 수상은 그의 어머니가 인디애나 출생의 미국인이며, 어머니의 할아버지는 데포우 대학의 제1기 졸업생이었다는 사실을 알고 있었다.

"나는 내가 데포우 대학과 끊을 수 없는 애정을 갖고, 옛날 가문의 전통을 여기에 새로이 만든 것을 마음으로부터 자랑스럽게 생각합니다."

수상이 새삼스럽게 말할 것까진 없었으나 굳이 그 어머니와 개척자였던 외할아버지 시대의 미국의 학교나 생활양식을 화제로 삼은 것은 청중의 관심과 흥미를 끌어들이기 위해서였다.

청중 속에 있는 사람들의 이름을 사용하는 것 또한 의사소통의 길을 여는 또 하나의 방법이다. 은연중 자신의 이름이 인용된 사람들은 얼굴에 화색을 띠게 되며 그 간단한 기술 때문에 스피치하는 사람과 청중은 친밀감을 느낄 수 있다. 한 가지 주의해야 할 것은, 사람의 이름을 즉석에서 남한테서 듣고 스피치 속에 주입할 경우에는 그 이름을 절대로 잘못 대거나 하지 않게끔 해야 한다는 점이다. 또한 지금 이 자리에서 그 이름을 사용하는 이유를 충분히 이해시킨 다음에 해야 한다. 사람의 이름을 언급하는 것은 호의적으로 하는 경우에만 한하고, 그 경우에도 도를 지나치지 않도록 주의해야 한다.

비슷하게 청중의 주의력을 끄는 하나의 방법으로 삼인칭의 '그들' 대신 이인칭의 '당신'을 사용하는 방법이 있다. 만약 청중의 이름을 인용하며 강연을 시작했다면, 그렇게 함으로써 청중이 자신을 의식한 상태로 계속 유지하는 것이 가능하다.

뉴욕시의 강좌에서 어떤 학생이 황산에 관한 이야기의 일부분을 참고삼아 아래에 소개하고자 한다.

"여러분들의 생활에서 황산은 여러 가지 형태로 함께 하고 있습니다. 황산이 없으면 여러분들의 차는 가동을 못합니다. 왜냐하면 황산은 휘발유나 등유의 정제에 널리 이용되고 있기 때문입니다. 당신의 직장이나 가정을 밝게 하는 전등도 황산이 없으면 켜지지 않습니다. 목욕탕의 물을 뺄 때에도 당신은 코르크를 비트는데, 이 코르크 마개를 제조할 때에도 황산은 필요합니다. 당신이 사용하고 있는 비누도 황산이 필요한 유지나 기름에서 만들어진 것인지도 모릅니다. 솔의 털이나 셀룰로이드로 만든 빗도 황산 없이는 만들지 못할 것입니다. 당신의 면도칼도 불에 태워 물에 넣은 후에 황산액 속에서 식혀졌을 것입니다. 당신이 아침식사 때 테이블에 놓인 컵이나 접시도 하얗고 무늬 없는 것 이외의 것은 전부 황산의 작용이 가해진 것입니다. 당신의 나이프, 포크, 스푼이 은으로 도금된 것이면 그것은 전부 황산액에 담가진 것입니다.

이렇게 황산은 언제나 당신에게 영향을 미치고 있습니다. 어디로 가든 당신은 황산의 영향을 벗어날 수 없습니다."

'당신'이란 대명사를 묘하게 사용해서 청중을 듣는 스피치 속에 등장시킴으로써, 이 학생은 청중의 주의를 집중시키는 데 성공했다. 그런데 '당신'이라는 말이 스피치하는 사람과 듣는 사람 사이에 다리를 놓은 대신 오히려 고랑을 파는 경우도 있다. 한층 높은 데에서 청중을 향해서 스피치할 때라든가 연설보다는 강의를 할 때가 그렇다. 그럴 때에는 '당신, 여러분들'보다는 '우리들'을 사용하는 편이 무난하다.

청중을 대화의 파트너로 참여시켜라!

조그만 무대 연출의 기교를 사용하는 것으로써 청중을 당신의 한마디 한 구절에 못 박히게 하는 방법이 없을까 하고 생각해본 일은 없는가? 그럴 때는 조수를 활용하면 좋다. 어떤 요점을 강조하거나 무언가의 생각에 극적인 표현을 시도해보기 위해서 청중 속의 누군가를 조수로 선택하는 것은 청중의 주의력을 높이는 데 효과가 있다. 연단에 선 사람과 청중과의 사이에 벽이 있을 경우, 그 벽을 허무는 것은 청중에게 '한몫 거들게 하는 일'이라는 것이 연설가의 공통된 견해이다.

청중 한 사람을 모셔놓고 이야기하는 사람이 미리 준비한 줄거리 안에서 '한몫 거든다'는 격이 되면 바로 당신 앞에서 듣고 있는 사람들은 지금부터 무엇이 일어날까 하고 신경을 곤두세우게 된다.

한 예로, 브레이크를 밟은 후 차가 정지하기까지 어느 정도의 거리를 요하는가를 설명하려고 하는 한 연설자의 예를 살펴보자.

그는 청중 한 명에게 부탁해서 정지하기까지의 거리가 차의 속도에 따라 어떻게 변하는지를 설명하는 것을 도와달라고 했다. 부탁받은 사람은 강철로 된 줄자의 끈을 쥐고 강단의 2, 3미터 내려간 곳에서 말하는 사람의 신호에 따라 멈추어 섰다.

별것 아닌 듯한 내용이지만 이러한 행동이 빚어내는 결과는 실로 놀랍다. 강연자가 있는 강단과 청중이 있는 객석 사이의 거리가 이런 행동 하나로 단숨에 좁혀진다. 청중 속에서 선택된 조수가 소품

을 들고 화자의 이야기에 동참하는 순간, 그 조수는 화자의 논점을 구체적으로 나타내는 장치가 될 뿐만 아니라, 이야기하는 사람과 듣는 사람의 마음을 잇는 연결 구실까지 해주게 되는 것이다. 거기에 더해 선택된 조수가 시연을 위해 객석 사이로 줄자를 들고 걸어간 순간, 청중은 강사와 자신의 자리가 강단 위와 좌석이라는 장소가 아닌 하나의 '무대'로 연결되는 느낌을 받게 된다.

특별하게 이야기할 것도 없이, 객석과 무대를 연결하는 이런 기법은 대표적인 무대의 연출기법 중 하나다. 이러한 무대적인 연출이 없었다면 아마도 청중들은 지루한 수치와 법률 용어로 가득 찰지 모를 자동차 사고에 대한 강연보다는 오늘밤 어떤 텔레비전 프로가 있는가 하는 일에 더 정신을 팔아버렸을지도 모른다.

듣는 사람들로 하여금 '한몫 거들게 하기' 위한 방법의 다른 예로는 질문을 해서 거기에 대한 대답을 얻어내는 방식이 있다. 중요한 부분이나 강조하여 말하는 것을 청중에게 복창하게 하고 질문에 손을 들고 답하게 하는 것도 예나 지금이나 즐겨 사용되는 방식이다.

청중의 참여라고 하는 문제에 대해 몇 개의 중요한 충고를 포함하고 있는 『유머가 있는 문장을 쓰는 법과 말하는 법』의 저자 파시 H.화이팅은 청중에게 무언가에 대해서 투표를 하도록 하고, 문제를 푸는 데 도와달라고 청할 것을 권하고 있다.

"올바른 생각을 세워라. 올바른 생각이란 스피치는 외우는 것과 달리 청중에게 반응을 일으키게 하는 것을 의도한 것이며, 청중으로 하여금 이야기라고 하는 공동사업의 동반자Partner로 만드는 것이라고 인식하는 것이다."

청중을 '공동사업의 동반자'로 비유한 이 표현은 썩 마음에 든다. 이것이 바로 이 장에서 설명하고 있는 것을 이해하는 열쇠인 것이다. 청중에게 '한몫 거들게 한다'는 것은 청중에게 공동경영권을 주는 것과 다를 것이 없다.

청중보다 높은 곳에 머물지 마라

연설자와 청중의 연결을 만들어내는 것에는 성의를 표하는 것보다 더한 것은 없다. 노만 빈센트 필은 신자의 마음을 끌어들이는 설교를 하는 데 곤란을 받고 있는 동료 목사에게 이런 충고를 던진 일이 있다. 우선 필은 그 동료 목사에게 매주 일요일 아침 설교하는 집회에 관해서 어떠한 감정을 가지고 있는가를 물어봤다.

“혹시 신자들을 자신보다 지적으로 낮은 사람들이라고 생각하세요? 신자들에게 호의를 느끼고 있나요? 그들을 도와주고 싶다는 생각을 하고 있나요?”

그러면서 그는 자신은 모든 신도들과 얼굴을 맞대지 않고 교단에 오른 적은 한 번도 없다고 충고했다.

청중들은 연설자가 청중보다 교양이 높다던가, 사회적 지위가 위라고 의식하는지를 민감하게 느끼는 경향이 있다. 그런 연설자는 말을 하는 내내 청중의 공감을 전혀 이끌어내지 못할 것이다. 청중을 향해서 겸손한 태도를 가지는 일은 청중에게 사랑받는 연설자가 되기 위한 최선의 방법 중의 하나이다.

메인 주 출신 상원의원 에드먼드 S. 마스키는 보스턴의 미국 법조협회에서 연설을 했을 때 이러한 방법을 사용했다.

“오늘 아침 이렇게 여러분 앞에서 이야기를 해야 한다는 임무를 부여받고 저는 여러 가지로 난처했습니다. 첫째, 저는 여러분이 전문적인 자격을 갖춘 분들이라는 것을 잘 알고 있기 때문입니다. 제 빈약한 재능을 여러분 앞에 보이는 것이 과연 현명한 것인지, 아닌지 고민이 되더군요.

둘째, 이 모임이 조찬회이며, 아직 충분한 자기 방위의 태도가 정리되지 않은 시간이라는 것입니다. 언뜻 잘못하면 치명상이 될 수도 있겠기에 말입니다.

셋째, 제 이야기의 줄거리에 관한 망설임입니다. 저는 지금부터 토론한다는 것이 공복으로서 제가 해온 일에 어떤 영향을 미치는가에 관한 것에 말씀드릴 작정입니다. 저는 정치활동에 몸을 담고 있으니 그 영향의 공과 사에 대해서는 선거인 사이에서 의견이 대립할 것 같습니다.

저는 이러한 의혹에 직면해 나체주의자 캠프에서 당황한 모기처럼 된 느낌입니다. 어떠한 이야기를 어떻게 시작해야 할지 쩔쩔 매고 있습니다."

두말할 필요 없는 얘기지만, 마스키 의원은 이런 전제를 한 후에 훌륭한 스피치를 했다.

청중에게 자신의 뛰어남을 과시한다면 틀림없이 청중에게 반감을 살 것이다. 청중 앞에서 연설을 할 때는 진열장 속에 진열된 물건과 같이 되는 것이나 다름없다. 당신의 말 한 마디, 당신의 작은 행동 하나에 당신의 모든 인격적인 면이 숨김없이 드러나므로 청중 앞에서 조금이라도 거만한 행동을 한다는 것은 치명적인 일이 될 것이다. 오히려 자신은 불완전한 인간이지만 그런대로 최선을 다하겠다는 점을 명확하게 하면 청중은 당신에게 호의와 존경심을 가질 것이다.

미국의 방송계는 상당히 엄격한 세계로 시즌마다 일류 연예인들이 격렬한 경쟁 속에 휘말려 탈락하기 마련인 곳이다. 이런 방송계에서 매년 잔류해 있는 연예인들 가운데 에드 셜리번이 있다. 그는 원래 연예인이 아니고 신문기자였다. 이같이 심한 경쟁 속에서 전문 연예인이 아닌 그가 지금까지 건재한 것은 방송을 할 때마다 항상 '자신이 신출내기가 아닌 듯한 태도'를 전혀 취하지 않았기 때문이다.

심지어 신출내기인 그는 카메라 앞에서 보이는 모습조차 시원치 않았다. 그가 매력이 없는 사람이었다면 카메라 앞에서 구사하는 세련되지 않은 모습들이 큰 장애가 되었을 것이다. 그는 어깨를 오므리기도 하고, 손으로 턱을 만지기도 하고, 넥타이를 만지기도 하고 말이 막히기도 했다.

그러나 이러한 점은 그에게 전혀 결점이 되지 않았다. 그는 이러한 결점을 두고 비난하는 사람들에게 화를 내지 않았을 뿐만 아니라, 한 시즌에 적어도 한 번은 그의 결점을 과장하여 흉내 잘 내는 연예인과 함께 출연하여 그 연기가 자기와 비슷하면 다른 사람과 함께 웃곤 했다. 방송인이 아니라는 결점을 오히려 대중과의 친화력을 불러일으키는 무기로 삼아버린 것이다.

헨리 토머스 부처는 『종교 신도자의 산 전기』라는 공동의 저서 속에서 공자에 관해서 다음과 같이 서술하였다.

"공자는 결코 해박한 지식으로 사람들을 교도해 감화시키려고 하지 않는다. 그는 다만 모든 것을 포용하는 박애로써 사람들을 교화하려고 했을 따름이다."

우리들이 만일 이 모두를 포용하는 박애를 자기의 것으로 한다면 청중의 마음 문을 여는 열쇠를 거머쥐게 될 것이다.

Chapter

03

설득의 스토리를 잡아라

01

상대방으로 빙의하라

『사람을 황금처럼 빛나게 하는 법』의 저자 케네스 M. 구드는 그의 저서에서 다음과 같이 언급하고 있다.

"스스로 자기 자신을 돌아보고, 자기에 대한 강렬한 관심과 상대방에 대한 어중간한 관심을 인정하고, 그렇게 한 다음에 사람은 같은 본성을 가진 면이 있다는 것을 고려하면 모든 일에 필요한 기본 원칙을 파악할 수 있다. 말하자면 다른 사람과 함께 성공을 이루는 비결은 상대의 입장을 존중하고 잘 이해하는 일이다."

누군가를 설득해야 하고, 서로 논쟁해야 하는 상황에서 내 의견이 맞고 상대방이 틀린 의견을 낼 때도 있지만, 상대방이 아니라 내가

틀렸을 때도 좀체 내가 잘못되었다고 생각지 않는 것이 사람의 습성이다. 상대방의 잘못된 점을 찾고 파고들다 보면 처음에 목표한 것이 아닌 새롭게 논쟁이 된 것을 가지고 헛되이 시간을 보내는 일이 많다. 누군가를 설득하기 위해 필요한 것은 상대방의 잘못된 점을 찾는 것이 아닌 상대방의 이해에서 출발함을 잊지 말아야 한다.

현명한 사람은 상대방을 이해하려고 노력한다. 상대방의 말과 행동에는 저마다 그럴 만한 상당한 이유가 있을 것이라고 가정한다. 그리고 그 이유를 찾아내려 애쓴다. 그렇게 하면 상대의 행동, 그리고 상대의 성격에 대한 열쇠까지도 잡을 수가 있다. 그 이유를 찾아내기 위한 방법 중 하나는 진심으로 상대방의 입장으로 빙의되는 것이다. 다른 말로는 '역지사지'라고도 한다. 빙의란 상대방의 영혼으로 옮겨 보는 것이다. 그것은 다음과 같은 질문을 스스로에게 던짐으로써 시작할 수 있다.

"만약 내가 상대방이라면 이 일을 무엇이라고 느낄까? 어떻게 반응할까?"

한 번에 답이 얻어지지 않는다면, 답을 얻을 때까지 계속해서 스스로에게 물어야 한다.

하버드 대학의 도남 교수는 이렇게 말한다.

"저는 다른 사람을 방문할 때 미리 이쪽에서 말할 것을 충분히 생각하고, 그것에 대해서 상대방이 무엇이라고 대답할 것인가를 뚜렷이 짐작이 설 때까지는 상대의 집 앞을 두 시간이고 세 시간이고 왔다 갔다 하면서도 그 안으로는 들어가지 않습니다."

02

마법의 문구를 떠올려라

시비나 나쁜 감정을 소멸시키고 상대방에게 선의의 마음을 갖게 하며 당신이 말하는 것을 조용히 듣도록 하는 마법의 문구가 여기에 있다.

"당신이 그렇게 생각하는 것은 당연합니다. 내가 만약 당신이라도 그렇게 생각할 것입니다!"

절망적인 상황이더라도 우선은 이 마법의 문구로 말문을 여는 것이 좋다. 왜냐하면, 아무리 심술궂은 사람이라도 이렇게 서두를 꺼내면 조용해지는 것이 보통이기 때문이다. 상대방은 이런 말을 듣는 순간 당신이 자신에 대해 성의를 가지고 노력한다는 느낌을 받게 된다. 겉으로는 여전히 화를 내고 있더라도 그의 잠재의식은 분명 당신 쪽으로 움직이기 시작할 것이다.

사람마다 각각의 다른 정신과 육체를 가지고 있으며, 다른 환경에서 자라고 다른 문화를 가지고 있다. 상대방이 나와 다른 종교를 가지고 있을 수도 있고, 내가 싫어하는 짜디짠 음식을 좋아할 수도 있다. 그 사람은 왜 짠 음식을 좋아하게 되었을까? 마음에 들지 않는 상대일지라도 그가 그렇게 된 데는 그만한 충분한 이유가 있을 것이다. 그러니까 다른 것이 아닌 그렇게 된 그 이유에 대해 공감해주어야 한다. 상대방이 그렇게 된 것에 대해 공감을 표현하는 마음이 필요하다.

내가 아는 후배 중에는 가수의 매니저 역할을 한 친구가 있다. 이 후배와 함께 일하는 가수는 성격이 매우 까다롭고 다혈질이었다. 하지만 후배는 그런 가수와 매우 돈독한 관계를 유지하고 있었다. 그에게는 이런 까칠한 가수를 움직이는 비법이 있었기 때문이었다. 역시나 예의 그 동조의 기법이다.

가수들은 낮에도 무대에 섰는데 밤에도 무대에 서는 경우가 있다. 후배가 맡은 가수는 특히나 이런 경우를 매우 싫어해서 종종 "목의 컨디션이 좋지 않다.", "몸에 열이 난다." 같은 이유를 대고 오늘은 노래를 더 할 수 없다고 역성을 내곤 했다.

보통 매니저라면 이런 경우 어떻게든 추슬러서 가수를 무대에 내

보내기 마련이다. 때로는 기획사의 사정이나 가수 개인의 미래를 들며 논리적으로 설득하는 경우도 있다. 하지만 그 후배 매니저는 그중 어떤 방법도 시도하지 않았다. 그가 시도한 방법은 당연하겠지만 가수의 심정에 동조를 표하는 방법이었다. 그는 아무리 가수가 무리한 부탁을 해도 "왜 또 그래요!"라고 역정을 내거나 시비를 벌이지 않는다. 전화를 받으면 우선 서둘러 그 가수에게 달려간다. 그러고 나서는 그저 가수의 편을 들며 같이 걱정을 해주는 것이다.

"많이 아프세요? 이거 어떡하죠. 큰일이네요! 정말 얼굴을 뵈니 노래하지 않는 편이 좋겠어요. 공연은 취소하는 게 좋겠어요. 무리해서 괜히 몸 상하는 것보다 차라리 이번엔 포기하고 계약을 취소하는 것이 나중을 위해 좋은 선택인 것 같아요. 지금 나가서 그쪽에 전화를 할게요. 좀 쉬세요."

그런데 그렇게 하고 나가려고 준비를 하면 그 가수는 대체로 한숨을 지으면 이렇게 말한다는 것이다.

"그래도 혹시 모르니까 좀 더 있다가 다시 한 번 전화 줘봐. 쉬어보고 다섯 시쯤에서 출연할 수 있을지 어떨지 생각해볼게."

다섯 시가 되면, 그는 다시 그 가수에게 달려가서 먼저와 같은 식으로 이야기하면서 무리하지 말도록 권한다. 그러면 그 가수는 오히려 "몸이 그래도 좀 나아지고 있어. 공연 시간쯤이면 괜찮아질 것 같기도 해. 있다가 오지는 말고 전화 한번 해줄래?"라고 말한다. 그러다 공연 직전이 되면 그 가수는 겨우 괜찮아진 양 출연할 것을 승낙

한다는 것이다. 그러나 미리부터 관계자들에게 감기로 음성이 상해 있다는 것에 대한 양해를 구해놓는다는 조건이 붙어 있다고 한다. 그 매니저는 이러한 요령을 충분히 직감적으로 터득하고 있었기 때문에 관계자들에게는 말 그대로 전달했다고 하며 무대에 서게 한다고 한다. 동조의 화술이 불러오는 놀라운 효과이다.

아더 게이츠 박사의 『교육 심리학』에는 다음과 같은 말이 있다.

"사람은 일반적으로 공감을 원한다. 아이들은 넘어졌을 때 다리에 난 상처를 보이면서 얼마나 아팠는지를 공감받고 싶어 한다. 때로는 극단적으로 공감을 구하고 싶어서 자기 스스로 상처를 만드는 일이 있기도 하다. 어른도 마찬가지다. 가까운 사이일수록 상처를 보이고 어려웠던 시절이나 아팠던 이야기를 하고 싶어 한다. 불행한 일을 겪은 자기에 대해서 자기 연민의 정을 느끼고 싶어 하는 마음은 어느 정도의 차이는 있겠지만 누구에게나 있는 법이다."

위의 이야기를 잘 이해하여야 한다. 남자들은 군대 이야기하는 것을 좋아한다. 하지만 그 이유를 가만히 살펴보면 젊은 시절 무용담을 내세우기 위해서라기보다는 대부분 마음 깊숙이 군대에서의 아픔과 상처에 대하여 상대방의 공감과 연민을 기대하기 때문이기도 하다. 그렇기 때문에 상대방을 설득하기 위해 "이건 이거고, 저건 저거 아닙니까?"라고 말하거나 "다 당신을 위한 거죠. 어서 제 말을 들으세요." 혹은 "매번 그러네요, 거짓말하지 마세요." 같은 말을 쓰는 건 그리 현명한 생각이라고 할 수 없다. 당신이 처음으로 꺼내야 될 말은 "당신이 그렇게 생각하는 것은 당연합니다. 제가 만약 당신이라도 그렇게 생각할 것입니다."라는 것이다. 이런 말이 가진 마법의 힘을 믿어야 한다.

03

상대방을 훌륭한 인격체로 인정하라

사람에게는 좋은 면과 나쁜 면이 있지만 일단 좋은 면을 먼저 인정해 줘야 한다. 사람은 누구나 자기 자신의 생각에 대해 나름의 타당한 이유를 가지고 있다. 그러니까 상대방의 생각을 바꾸게 하기 위해서는 그 사람이 생각하는 나름의 타당한 이유가 "당신의 입장 하에서 가능한 객관적으로 생각하고 있다는 것을 알고 있습니다. 당신도 공정하게 이 문제를 해결하고 싶어 한다는 것을 알고 있습니다."

즉, "당신의 인격을 믿습니다."라는 것을 표현하고 심정에 호소하는 것이 유효하다. 연설하는 상황이 아닌 비즈니스 상황이라면 더욱 그러하다.

어느 자동차 회사의 자동차 수리 고객 중 여섯 명이 제각기 한 가지씩의 항목이 잘못되었다며 자동차 수리대금을 지불할 수 없다고 주장했다. 그러나 회사 측에서는 수리할 때마다 고객의 사인을 받아 놓고 있었기 때문에 절대로 틀림이 없다고 믿었고, 또 믿고 있는 대로 손님들에게 비용을 지불할 것을 독촉했다. 결국 수금직원은 다음과 같은 방법으로 미수금의 징수를 행하였다. 그런데 과연 그것이 좋은 방법이었는지 곰곰이 생각해볼 필요가 있다.

- 각 고객을 찾아가서 청구서를 보낸 후 여러 달이 지났으니까 이번 달에는 꼭 지불해줘야 한다고 정면으로 맞부딪쳤다.
- 청구서는 절대로 틀리지 않았다. 따라서 잘못된 것은 고객 쪽이라고 분명히 못 박았다.
- 자동차 문제는 회사 쪽이 고객보다 훨씬 더 잘 알고 있다. 그러니까 더 논쟁의 여지가 없다고 설명했다.
- 그 결과는 치열한 시비로 번졌다. 수리대금을 제대로 받지 못한 건 물론이다.

이 책을 읽는 독자들도 비슷한 상황을 겪은 적이 있을지는 모르겠다. 오늘날 많은 회사에서 고객에 대한 응대를 이렇게 하도록 가르치는 까닭도 있다. 회사의 입장에서는 회사의 손실을 최소화하는 것이 최선이며, 그렇기에 회사의 실수도 있다는 식의 얘기를 해서는 자칫 회사가 손실을 부담할 여지를 만들 수도 있기 때문이다. 더군다나 수금직원이라면 정해진 비용 청구 이외의 일에 아무런 재량을 갖지 못하는 회사 현실 속에서 수금직원이 다른 방법을 택할 여지는 애초에 그리 많지가 않다.

하지만 이 방법으로 과연 고객이 선뜻 비용을 지불할 것인지 어떤지는 생각해봐야 한다. 수금직원은 마침내 법적인 수단에 기대어 해결하려고 서류를 만들어 팀장에게 보고하게 되었다. 팀장이 이 사실을 알게 되었고 팀장은 자료를 찾아보았다. 자료를 찾아본 결과, 문제의 고객들은 모두가 평소에는 비용의 지불 성적이 우수한 고객인 것을 파악했다. 팀장은 '뭔가 잘못이 있지는 않을까? 비용 징수의 방법에 실책이 있지는 않을까?'라고 생각하게 되었다. 팀장은 일단 법적인 해결을 보류하고 미수 건에 좋은 사례를 가지고 있는 다른 직원을 불러서 이 문제를 해결하도록 하였다. 이때 그 직원이 취한 방법은 다음과 같았다.

- 미납된 수리 대금에 대해서는 한 마디 언급도 하지 않고 다만 지금까지의 회사 서비스 실태를 조사하고 싶어서 방문했다고 말했다.
- 어떤 일도 고객의 얘기를 들어보지 않고서는 판단할 수 없다고 말했다. 그리고 덧붙여서 어떤 문제들은 회사 측에도 실수가 있을 수 있다고 인정했다.
- 그가 알고 싶은 것은 고객의 자동차에 관한 것일 뿐이며, 그 차에

관한 한 차를 몰았던 차주인 고객이 누구보다도 가장 잘 알고 있는 것이 아니겠냐고 말하였다.

- 고객으로 하여금 말하게 만들고 고객의 이야기를 공감과 흥미를 가지고 그 말을 귀담아 들었다.
- 한참을 이야기한 고객이 진정을 되찾았을 때 그의 합리적인 판단에 호소하였다.

말하자면 고객을 그저 돈을 내지 않으려고 억지를 쓰는 파렴치한으로 몰아붙인 것이 아니라, 그의 인격에 대해 동조해주고 나서 그 사람의 아름다운 감성에 호소한 것이다.

"저희들이 부족해서 불편을 끼치게 되어 죄송합니다. 잘잘못을 떠나 기본적으로 수금 직원의 태도 때문에 기분이 많이 상하게 되셨을 듯합니다. 책임자로서 사과의 말씀 드립니다. 얘기를 듣고 보니 저는 고객님께서 객관적이고 공정하게 판단하시고자 한 점에 아주 감탄했습니다. 왜냐하면 대부분의 고객님들이 그러지 않으시거든요.

저기 그런데 한 가지 부탁이 있습니다. 말씀을 들어보니 고객님께서 가장 잘 알고 있는 일이라 생각 됩니다. 다름이 아니오라 이 청구서 말입니다. 이것을 고객님께서 정정해 주신다면 감사하겠습니다. 고객님이 우리 회사의 대표자라는 입장에서 정정해 주십시오. 만사를 고객님께 일임하고 그 정정대로 우리는 처리하겠습니다."

놀랍게도 이 방법은 멋지게 주효하였다. 여섯 명의 고객 중에서 다만 한 사람만이 끝까지 회사 측이 잘못되어 있다고 버텼을 뿐, 나머지 다섯 명의 고객은 모두가 기분 좋게 전액을 지불하였다. 특히 재미있는 일은 그 후 2년 동안, 그 담당자는 이 여섯 명의 고객으로부터 새 차를 주문받았다는 사실이다.

그 담당자는 이에 대해서 다음과 같이 말하였다.

"상대방의 신뢰도를 정확히 판단할 수 없을 때는, 일단 그를 훌륭한 사람으로 간주해야 합니다. 그러면 틀림없이 성공합니다. 인간은 대부분 기본적으로 정직하게 살고자 하니까요."

상대방을 인격적으로 대우해주면, 상대방 역시 그에 걸맞게 행동한다. 이에 대한 예외는 거의 드물다. 사람을 속이는 인간도 상대방으로부터 진심으로 신뢰를 받고 정직하고 공정한 인물로 인정받으면 좀처럼 나쁜 일을 할 수가 없다. 예로 든 회사의 경우도 회사에서 법적인 공방으로 갔다면 다섯 명이 아닌 여섯 명 전원의 미수금을 다 받아냈을 수도 있었을 것이다. 하지만 그 같은 방법으로는 새 차를 다시 주문받지 못했을 것이다. 자신을 의심하는 곳에서 새 차를 구입하고 싶어 할 사람은 아무도 없을 것이기 때문이다. 반복하지만 사람은 누구나 훌륭한 인격체로 인정받고 싶어 한다.

04

긍정의 '네'로 가는 지름길

상대방과 이야기할 때, 서로 의견이 충돌되는 문제를 처음부터 꺼내서는 안 된다. 우선 서로 의견이 일치하고 있는 문제부터 시작하여 그것을 항상 강조하면서 그 공감으로부터 이야기가 진행되고 있음을 암시하여야 한다. 서로가 동일한 목적을 추구하고 있다는 것을 상대방에게 인식시키고, 다만 그 방법에 차이가 있을 뿐이라는 것을 강조해야 한다.

처음에는 상대에게 '네'라고 말할 수 있는 그러한 문제만을 채택하고, 가능한 한 '아니오'라고 말하지 않도록 하여야 한다. 이 방법은 미국의 대통령 에이브러햄 링컨에서부터 오늘날 보험 설계사에 이르기까지 폭넓게 사용되고 있는 가장 효과적인 대화의 기술이다.

많은 심리학자들이 다음과 같이 말하고 있다.

"상대에게 일단 '아니오'라고 말해 버린 이상, 그것을 번복하는 것은 자존심이 허락하지 않는다. '아니오'라고 말해버리고 후회할 경우도 있을지 모르지만, 비록 그렇게 되더라도 자존심을 상하게 하지 않으려고 한다. 말을 꺼낸 이상 어쩔 수 없이 그것을 고집한다. 그러니까 처음부터 '네'라고 말하게 하는 방향으로 이야기를 몰고 가는 것이 매우 중요하다."

설득을 잘하는 사람은 상대방에게 중요한 대답을 듣기 전에 일단 여러 이야기를 먼저 꺼낸다. 그리고 이야기 속에 문답의 내용을 집어넣어, 듣는 사람이 마음속에서 몇 번이나 '네'라고 말하게끔 만든다. 그러면 당사자가 눈치 채지 못하는 사이에도 상대방의 심리는 자연스럽게 긍정적인 방향으로 움직이기 시작한다. 무거운 공은 굴리기가 어렵다. 하지만 일단 구르기 시작하면 비교적 적은 힘으로도 그 공을 계속 굴러갈 수 있게 하는 것과 비슷한 이치다. 반면 구르고 있는 공의 방향을 바꾸어 거꾸로 되돌아가게 하는 일은 가만히 있는 공을 움직이는 것보다 몇 배의 힘이 들 것이다. 중요한 결정에 앞서 상대방에게 긍정의 '예'를 반복하게 하는 일도 이와 같다.

이럴 때의 심리적인 패턴은 아주 분명하다.

사람이 진심으로 '아니오'라고 말할 때는 단순히 그 말을 입으로 나타낼 뿐만 아니라, 동시에 온갖 행동으로 표현된다. 즉, 신체의 각종 신경, 근육 등의 조직이 일제히 딱딱하게 굳어져 거부 태세를 취한다. 그리고 대개의 경우 그것은 뚜렷이 알 수 있을 정도의 커다란 동작으로 나타나는 경우도 있다. 말하자면 신경과 근육의 전 조직이 거부 태세를 취하는 것이다.

그런데 '네'라고 말할 경우에 이런 현상은 전혀 일어나지 않는다. 오히려 신체의 조직이 무엇인가를 받아들이려고 하는 자세를 취한다. 그 때문에 처음에 '네'라는 말을 많이 하게 하면 할수록 최후의 '네'를 이끌어내기 위한 방향으로 워밍업을 시키는 것이기 때문에 그 후에 힘이 덜 들게 된다.

상대방에게 '네'라고 말하게 하는 기술은 생각보다 간단하다. 그러면서도 이 간단한 기술을 능숙하게 사용하는 사람은 생각보다 드물다. 미리부터 상대의 의견에 반대하는 것이 자기 자신의 지적 능력이나 사고 능력이 우수하다는 것을 보여주는 것이라고 생각하는 사람이 더러 있다. 급진파 사람과 보수파의 사람이 이야기를 나누게 되면 본격적인 토론에 들어가기 전부터 둘이 서로 즉각 상대방을 화나게 하는 장면을 TV에서 보게 될 때가 있다. 단순히 일종의 쾌감이나 승리감을 맛보기 위한 것이라면 그것으로 족할지도 모른다. 때로는 그들의 목표가 상대방을 설득하는 것이 아니라 다른 것인 경우가 종종 있기도 하다. 그러니 그런 상황에서 상대방의 설득을 기대하고 있다면, 그러한 인물은 인간의 심리에 관한 한 바보 천치나 마찬가지라고 해도 할 말이 없을 것이다. 고객이거나, 자기의 아이이거나 남편 혹은 아내든 심지어 정치적 성향이 다른 두 사람이든 간에 처음에 '아니오'라고 말하기 시작하면 나중에 '네'로 바꾸기 위해 상당한 노력과 인내가 필요하다.

소크라테스는 사람을 설득하는 요령에 있어서는 고금을 통해서 제1인자였다고 한다. 그의 비결 역시 크게 다르지 않았다. 소크라테스는 상대의 잘못을 지적하는 일은 결코 하지 않았다. 오히려 상대방이 쉽게 대답할 수 있는 질문을 꾸준하게 던졌다.

소크라테스는 질문의 대가였다. 그는 문답법을 통해 상대로부터 '네'라고 답을 이끌어내는 것을 주안점으로 삼고 있었다. 그는 우선 상대방이 '네'라고 말하지 않을 수 없는 질문을 한다. 다음의 질문도 역시 '네'라는 대답을 이끌어내는 질문이 되풀이 된다. 그런 과정을 거치는 동안 상대방은 자신이 최초에 부정적인 생각을 가지고 있었던 문제에 대해서도 어느 사이에 '네'라는 대답을 하게 되는 것이다. 상대의 잘못을 지적하고 싶으면 소크라테스의 사례를 생각하고 상대방에게 '네'를 말하도록 유도해 볼 일이다.

우리 속담에 "부드러움이 능히 강한 것을 꺾는다."라는 말이 있다. 설득에 목표가 있다면 상대방을 이기려고 하지 말고, 움직이려고 해야 한다. 강한 북풍과 따뜻한 햇님의 대결에서 따뜻한 햇님이 이겼듯이, 상대를 부정적 방향이 아닌 긍정적 방향으로 몸과 마음을 준비시켜야 한다.

05

극적인 연출의 효과를 스토리 안에 넣어라

외국의 한 신문사가 중대한 어려움에 빠진 적이 있었다. 신문사에 대한 악성 소문이 유포되기 시작했기 때문이다. '이 신문은 대부분의 수입을 광고에 의존하고 있고, 기사가 아주 적기 때문에 독자들은 흥미를 상실했으며, 그렇기 때문에 이 신문에 광고를 내도 효과가 희박하다'는 것이 그 소문의 골자였다. 이에 대한 시급한 대책을 세워서 소문의 뿌리를 뽑아야 하는 것이 신문사의 입장이었다.

만약 여러분이 이 신문사의 입장이라면 어떤 전략을 택하겠는가? 해명 기사, 명예훼손 소송, 혹은 기자를 독려해서 며칠간 특대호를 내는 일 등등 대부분의 신문사라면 택할 전략들을 이 신문사는 시도조차 하지 않았다. 대신 다음과 같은 방법을 취하기로 결정했다.

이 신문사는 평상시 하루치 지면의 기사를 모두 골라내어 그것을 따로따로 분류해서 한 권의 책자로 꾸며 출판을 했다. 그 책에는『하루』라는 제목이 붙었고 분량은 307페이지나 되었다. 두께로 보나 내용으로 보나 충분히 20달러는 될 정도의 모습이었으나 가격은 고작 20센트에 팔기로 했다.

이 책자는 그 신문사의 신문에 재미있는 읽을거리가 많이 게재되어 있다는 사실을 효과적으로 알려주기 위해 취한 방법이었다. 싼 가격이기에 당연히 많은 사람이 볼 수 있었고, 하루 분량의 읽을거리가 307페이지나 되니 기사가 아주 적은 신문이라는 인식이 한 번에 해결된 것이다.

참으로 멋진 연출 솜씨라고 말하지 않을 수가 없다. 단순하게 지면의 몇 페이지가 어떻고 하는 숫자를 나열하거나, 이렇기 때문에 그렇지 않다고 이야기로 변명해서는 오랜 시간이 걸려도 할 수 없는 일을 일거에 해치운 셈이었다.

사람을 감동시키려면 무엇보다 스토리가 필요하다. 단순히 사실만을 열거하는 것으로는 변화를 주기 어렵다. 사실대로의 내용을 부여하는 것은 물론이고, 흥미 있는 이야기를 보태어서 스토리를 만들어 내지 않으면 안 된다. 흥행적인 수법을 사용할 필요가 있는 것이다. 즉, 연출이 필요하다는 것이다. 영화나 드라마 등에 모두 연출이 중요하다는 것은 누구나 알고 있는 사실이다. 스토리가 좋고 연출이 잘 된 영화나 드라마는 우리 기억에서 잘 잊히지 않는다. 그런 영화나 드라마는 감독이 원하는 방향으로 잘 연출된 것이다.

꼭 영화나 드라마뿐일까? 이제는 우리의 일상이나 비즈니스에도 연출이 필요하다.

마이크로 소프트사의 전회장인 빌게이츠는 전 세계의 말라리아 퇴치를 위해 많은 투자를 아끼지 않고 있다. "말라리아 퇴치보다 대머리 치료에 더 관심이 많은 현대의 자본주의가 세계의 불균형을 초래한다."라고 말할 만큼 말라리아 퇴치에 열성적이었다. 그가 말라리아의 위험성과 퇴치에 관심을 기울여 달라고 호소하기 위한 강연 중에 이런 일이 있었다.

그는 강연 중에 갑자기 연단 위에 투명한 유리로 덥힌 무언가를 꺼내 놓았다. 그리고 이렇게 말했다.

"이 안에 말라리아 모기가 있습니다. 말라리아는 모기에 의해 전염됩니다. 가난한 사람들만 말라리아에 걸려 고통받을 이유가 없습니다."

그는 이렇게 말한 후 모기떼가 가득 들어 있던 유리병의 뚜껑을 열어버렸다. 컨퍼런스에 참석한 명사들에게 말라리아에 대한 경각심을 높이기 위한 의도였던 것이다. 빌게이츠가 뚜껑을 열고 모기떼를 날려보내자 청중들은 깜짝 놀라며 소란을 피웠다.

얼마 후 소란이 어느 정도 진정되자 빌게이츠는 “이 모기들은 말라리아 병원균을 갖고 있지 않습니다.”라며 청중들을 안심시켰다.

사람을 설득하기 위해서는 스토리 안에 적절한 연출이 필요하다. 빌게이츠가 백 마디의 말로 청중들을 설득하기보다 이와 같은 방법을 택한 것은 분명한 이유가 있었을 것이다. 스토리텔링은 꼭 필요한 것이고, 그 안에 적절한 연출이 있다면, 더욱 효과적이 된다.

Chapter 04

설득의
실전 전술

01

리더는 상대방이 화를 내면 스펀지가 된다

화가 났을 때 상대방을 마음껏 쏘아붙이고 나면 정말 가슴이 후련할 것이다. 그러나 공격당한 쪽도 그와 같이 가슴이 후련할까? 호되게 당하고 나서도 기분 좋게 나의 마음대로 움직여 줄까? 설득을 필요로 하는 리더라면 어떻게 할까를 생각해보아야 한다.

윌슨 대통령은 다음과 같이 말하였다.

"만약 상대가 주먹을 움켜쥐고 들이닥치면 이쪽도 지지 않고 주먹을 움켜쥐고 맞이하는 것이 세상사 일이다. 그러나 상대방이 주먹을 움켜쥐고 들어올 때 침착하게 '천천히 서로 잘 생각해보지 않겠습니까? 그리고 만약에 의견이 다른 점이 있다면 그 이유나 문제점을 찾아봅시다.'라고 조용히 말한다면 어떻게 될까? 그러면 두 사람의 의견 차이가 생각했던 것보다 그리 심하지 않다는 사실을 깨달을 수 있을 것이다. 그런 다음, 서로가 인내심을 발휘하여 솔직하게 선의를 가지고 문제에 접근한다면 쉽사리 그 문제를 해결할 수 있을 것이다."

상대가 주먹을 쥐고 들어올 때 도저히 피할 수 없다면 같이 주먹을 쥐어야 할 것이다. 다만 문제가 커질 것은 자명한 일이다. 물론 문제를 키우지 않을 수만 있다면, 키우지 않는 편이 좋다. 그러나 상대방의 심정이 반항과 증오에 가득 차 있을 경우에는 아무리 훌륭하고 적합한 이론을 들먹여도 설득할 수 없다. 술에 취해 아이를 나무라는 부모, 권력을 행세하는 고용주나 남편, 바가지가 심한 아내와 같은 사람들은 자기의 생각을 바꾸려 하지 않는다는 것을 잘 알 것이다.

사실 이런 상황은 쉬운 상황이 아니다. 하지만 부모자녀의 관계거나, 부부관계이거나, 회사 동료와의 관계라면 적어도 첫 단추는 함께 주먹을 쥐는 것은 아니라는 것이다.

모든 것은 주고받는 소통에서 출발하는 법이다. 올바른 것을 주고받으면 반드시 서로에게 무언가 남게 되어 있다. 그런데 같이 주먹을 쥐면 들어올 틈을 막아버리는 것이다. 서로 공격을 주고받는 상황이 되면 모든 것을 튕겨 버리거나 막기 때문에 남을 수가 없다. 그런 상황이라면 누군가는 스펀지와 같이 충격을 완화하는 역할을 해

야 하는 것인데 그것은 화가 많이 난 쪽에서는 하기가 힘들다.

링컨은 다음과 같이 의미 있는 말을 남겼다.

"1갤런의 쓴 국물보다도 한 방울의 벌꿀을 사용하는 것이 더 많은 파리를 잡을 수 있다,라는 속담은 어느 세상이나 다 통하는 말이다. 인간에 대해서도 같은 말을 할 수가 있다. 만약 상대를 자기의 의견에 찬성시키고 싶으면, 우선 자신이 그의 편이라는 사실을 상대방에게 알려주어야 한다. 이것이야말로 상대방의 마음을 포착하는 한 방울의 벌꿀이며, 상대의 이성에 호소하는 최선의 방법이다."

경영자 중에는, 파업을 하는 노동자 측과 우호적으로 만나 무난히 분쟁을 해결하는 경우도 있다.

화이트 모터라는 회사에서 2천5백 명의 종업원이 임금 인상과 유니언 숍노동 협약에 따라 고용된 노동자는 모두 의무적으로 노동조합에 가입해야 하며 고용주는 탈퇴, 제명 등으로 비조합원이 된 자를 해고하도록 의무화한 제도의 채용을 요구하여 파업을 일으킨 적이 있다.

그런데도 사장 로버트 F. 블랙은 노동자에 대해서 하등의 나쁜 감정도 보이지 않고 거꾸로 그들이 '평화적인 태도로 파업에 들어간 것'을 신문지상에 칭찬하는 기사를 내보냈다. 거기에 그치지 않고 그는 바리케이드를 치고 있는 사람들이 지쳐 있는 것을 보고 운동기구를 사들였으며, 회사의 빈터를 이용하여 운동을 하도록 권하기도 했다. 볼링을 좋아하는 사람을 위해서는 볼링장을 빌려주기도 했다.

로버트 F. 블랙이 취한 이 우호적인 태도는 우리가 늘 접하는 파업과는 전혀 다른 결과를 일구어냈다. 노동자들은 청소도구를 빌려와서 공장 주변을 청소하기 시작했다. 한편으로는 임금 인상과 '유니언 숍' 제도 실시를 위하여 싸우면서도, 다른 한편으로는 공장의 주변을 청소하고 작동을 멈춘 기계를 손보는 기현상이 벌어졌다. 격렬한 논쟁에 얼룩진 미국 노사의 관계에서 일찍이 볼 수 없었던 광경이었다. 처음에는 사업주의 일방적인 선행이었지만, 그 결과는 노동자와 사업주 간의 우정이 싹트는 결과를 맞이했던 것이다. 말하자면 우정이 우정을 낳는 것이다. 결국 이 파업은 일주일을 넘기지 않고 해결되었고, 파업까지 간 상황이었음에도 쌍방 간에는 하등의 나쁜 감정도 남지 않고 마무리되었다.

서로 간에 의견이 다를 수는 있다. 의견이 다루면 다툼도 생기고 때로는 감정이 격해질 때도 있다. 하지만 진정 다른 의견을 좁히기 위해서는 서로 주먹이 아닌 이성적 대화로 문제를 풀어갈 준비가 먼저 되어 있어야 하는 것이다. 그것을 만들어낼 수 있는 사람이 진정한 리더이다.

훌륭한 리더 중에는 신경성 위장병이나, 만성 두통, 불면증 등에 시달리는 사람이 많다고 한다. 이 같은 이유는 아마도 신경 쓸 일이 많아서이기도 하지만, 위의 글에서 이야기한 것처럼 누군가 화를 내면서 다가올 때 참고 받아들이기 때문이기도 하리라는 생각이 든다. 하지만 그것이 리더의 역할이다. 훌륭한 리더만이 이 일을 할 수 있다는 것을 믿고, 일단 스펀지처럼 받아내고, 그러고 나서 원하는 방향으로 이야기를 풀어간다면 목표도 이루고 사람도 얻게 될 것이다.

02

리더는 상대방이 더 많은 이야기를 하게 한다

상대를 설득시키려고 자기 혼자서 계속 지껄이는 사람이 있다. 세일즈맨 중에 특히 이런 잘못을 저지르는 사람이 많다. 이들은 고객이 말할 틈은 주지 않고 계속 자기 할 말만을 끊임없이 늘어놓는다. 그러면서 그런 방법만이 상품을 제대로 알리고, 고객의 지갑을 여는 방법이라고 철석같이 믿고 있다.

그러나 상대방을 설득시키기 위해서는 상대방으로 하여금 충분히 말하도록 만드는 것이 좋다. 내가 말을 많이 한다면 상대방은 설득당하는 대신 오히려 더 방어적인 태세로 들어갈 것이다. 먼저 상대방의 주위에 관심을 갖고 그 관심을 통해 상대방이 말을 많이 하도록 해야 설득의 실마리를 잡는 데 유리하다. 상대방이 말하는 중에 이의를 주장하고 싶어도 참아야 한다. 상대가 말하고 싶은 문제를 아직 가지고 있는 한 이쪽에서 무슨 말을 해도 상대는 쉽게 받아들이지 못한다. 넓은 마음으로 참을성 있게 더구나 성의를 가지고 들어주며, 거리낌 없이 의견을 말할 수 있도록 놓아둔다. 내가 할 말은 당연히 그 다음이다. 이 방법을 비즈니스에 이용한 사례를 보자

강의를 하던 중 풍력발전기 회사에서 온 어떤 분에게 이런 이야기를 듣게 되었다. 풍력발전기는 무공해 발전인데다가 부족한 전력의 많은 부분을 감당할 수 있어 국가적으로도 매우 좋은 사업이라고 했다. 하지만 막상 사업을 추진하려 하면 주민들의 반대가 매우 강해서 난관에 부딪치는 것이 문제라는 것이다. 풍력발전기 회사에서 찾아가면 주민들은 문을 닫고 아예 만나주지 않는 일이 태반이고, 심지어 계속 문을 두드리면 욕을 하기도 한다는 것이다. 헌데 그 와중에도 유난히 주민 설득을 잘하는 사람이 한 명 있었다고 한다. 그래서 그 분은 그 사람과 함께 동행하며 설득하는 비결을 배웠다고 한다.

"한 집을 방문했는데 아니나 다를까 한 아주머니가 우리가 풍력발전기 회사 사람이라는 것을 알아보고 문을 닫아 버렸어요. 계속 문을 두드렸더니 마지못해 문은 다시 열렸지만 이번에는 험한 기세로 우리들에게 심한 말을 퍼붓는 것이었어요."

그런데 같이 갔던 그 직원은 포기하지 않고 이렇게 말하는 것이었다.

"아주머니, 시끄럽게 해서 죄송합니다. 실은 저는 풍력발전 용건 때문에 찾아온 것이 아니고 고랭지 채소를 살까 하고 찾아왔습니다."

아주머니는 의심쩍은 얼굴로 쳐다보기는 했지만 문을 열어주었다.

"아주머니, 제가 오다가 봤는데 아주머니네 감자가 정말 잘 자랐네요. 무기농법으로 키우신 거 같은데 좀 파실 수 있나요?"

그러자 아주머니는 호기심 어린 눈으로 그에게 물었다.

"어떻게 유기농으로 키운 걸 알았나요?"

아주머니는 아직도 석연치 않다는 눈치였다.

"저희 집도 시골인데 저희 집에서도 무농약으로 감자를 키우려고 부모님이 많은 애를 썼는데 병충해를 이겨낼 수 없어서 매번 실패했거든요. 그런데 오다가 보니까 저희 집에서도 무기농법으로 키우려고 쓰고 있는 장비가 많더라고요. 그래서 알게 되었어요. 농약을 주고 키워도 저희 집 감자는 평지에서 키우는 감자라서 여기 있는 고랭지감자보다 분이 적고 맛이 없더라고요. 아주머니께서는 직접 키워 드실 테니 잘 아시죠? 고랭지감자를 어르신들이 좋아하시잖아요. 집의 부모님께 좀 사다 드리려고요."

이렇게 얘기를 주고받자 아주머니의 마음도 훨씬 누그러지는 듯했고 집 안에서는 강아지까지 달려 나왔다. 그동안에 그는 주위를 살펴보고 농사를 꽤 크게 짓고 있다는 것도 파악했다. 그는 계속해서 어떻게 이렇게 실하게 유기농법으로 농작물을 키울 수 있느냐, 물은 어떻게 산 위에까지 닿게 하느냐 등등을 물은 후 이렇게 덧붙였다.

"여기서 매번 내다 파시기 힘드실 텐데 이곳으로 사람들이 와서 사가게 하면 좋겠네요. 여기를 사람들이 직접 보고 나면 유기농이란 사실도 더욱 믿게 될 테고 홍보도 잘 될 텐데요."

그의 이 말이 멋지게 주효했다. 그가 건드린 그 이야기는 아주머니가 남에게 얘기를 하고 싶어 못 견디는 부분이었던 것이다. 그 아주머니의 완고한 남편은 그가 지적한 사실을 아무리 설명해도 인정하려고 하지 않는다는 것이었다.

아주머니는 그들을 농장의 여러 곳으로 안내했다. 그곳을 돌아보는 동안에 그는 이들 부부가 만들었다고 생각되는 여러 가지 장치를 발견했고 너무나 놀랍다는 듯이 그것들을 칭찬했다. 그는 자기 집에는 이런 방법을 쓴다느니, 온도는 몇 도 정도가 적당하니 그렇게 하라고 권하는 한편, 아주머니로부터 유기농법에 대한 온갖 얘기를 듣고 가르침을 받았다.

결국 그들은 그날 서로가 벽을 허물고 즐겁게 경험담을 얘기하면서 시간을 보냈다. 그러자 아주머니는 풍력발전을 하면 농작물에 피해가 없을지, 그리고 사람들이 드나들 수 있는 큰 길이 생길지, 풍력발전기가 가까이 있는 농가가 어디에 있다던데 과연 정말 그것이 서로에게 유익한지 어떤지 솔직한 얘기를 들려달라고 우리에게 말했다.

1주일 후 아주머니와 아저씨는 풍력발전기 설치에 동의를 하게 되었다. 그 후에 우리는 풍력발전기 설치의 동의서를 받았고 아주머니가 사는 마을엔 큰 길이 나서 차들이 잘 다닐 수 있는 길이 마련되었다. 만사가 잘된 것은 두말할 여지도 없다.

그런데 이 이야기의 가장 중요한 요점은 그가 만약 처음에 아주머니에게 말을 하도록 하지 않았다면 그의 일은 실패하고 말았을 것이다. 강제로 권하거나 팔려고 하지 말고 상대방의 마음을 돌리게 하는 것이 요령이다. 친구나 동료들 사이라 할지라도 상대방의 자랑을 듣기보다는 자기의 성공담을 이야기하고 싶은 것이 인지상정이다.

프랑스의 철학자 라 로슈프코La Rochefoucauld는 이렇게 말했다.

"만일 당신이 적을 만들고 싶으면 상대방을 이기도록 하라. 그러나 동지를 만들기를 원한다면 상대방으로 하여금 당신을 이길 수 있도록 하라."

그 이유는, 사람은 대부분 자신이 상대방보다 뛰어나다고 생각하면 스스로 상대방을 돕고 싶은 마음을 느끼지만, 그 반대의 경우에는 열등감을 가지고 선망과 질투를 일으키기 때문이다.

독일의 속담에 이런 말이 있다. "남의 실패에 대한 기쁨보다 더 큰 기쁨은 없다."

분명히 여러분의 친구들 중에는 여러분의 성공보다는 실패를 기뻐하는 사람이 있을 것이다. 사실은 대부분의 사람들이 대체로 그렇다. 그렇게 때문에 자신의 성공이야기는 될 수 있으면 은밀하게 이야기하라.

아빈 컵은 이 요령을 터득하고 있었다.

"당신은 일류 작가라고 들었는데 정말입니까?"라고 누가 물으면 그는 매번 "그저 운이 좋았을 뿐이죠."라고 대답했다고 한다.

상대방의 주변에서 그 사람의 자랑거리를 찾아내고 그 자랑을 끄집어내면 그 사람은 자기도 모르게 말을 많이 하게 될 것이다. 그러면 그 말을 끊지 말고 제대로 경청하자. 그 사람은 그 말을 다 들어준 당신에게 무언가든 내놓게 될 것이다. '경청'은 바보짓이 아니라, 그 사람을 움직이는 '무기'이다. 오늘을 한번 돌이켜 보자.

"나는 오늘 많이 떠들었는가, 아니면 많이 들어주었는가?"

03

진흙탕 싸움을 피하는 방법 : 시비에 대하여

시비, 옳고 그름을 가린다는 말이다. 그러나 실제 생활에서는 시비의 '시'자도 소용이 없다. 시비는 어떤 경우에는 전혀 도움이 되는 행동이 아니다. 사람의 마음은 시비를 따져서는 바꿀 수가 없기 때문이다. 시비에 이기고 지고는 상관없다. 옳고 그름을 따지는 순간 상대방과 나 사이의 관계는 극단적으로 멀어져버리기 일쑤인 까닭이다.

벤자민 프랭클린은 다음과 같이 말했다.

"시비를 하거나 반박함으로써 상대방에게 이기는 일도 있을 것이다. 그러나 그것은 헛된 승리이다. 왜냐하면 상대방의 호의는 절대로 얻어낼 수가 없기 때문이다."

여기서 한번 곰곰이 생각해주기를 바란다. 이론 투쟁을 해서 화려한 승리를 얻는 것이 좋은가, 아니면 싸움을 피하고 상대의 호의를 획득하는 편이 좋은가? 이 두 가지는 좀처럼 양립할 수가 없다.

시비를 가리는 일이 필요할 때도 있다. 하지만 아무리 시비를 올바르게 가려낸들 상대의 마음은 변치 않을 것이다. 그렇기 때문에 설득의 단계에서는 어떤 시비도 무의미한 시비임을 분명히 알아야

한다. 나의 경험으로는 지적인 능력의 여하를 불문하고 어떤 인간에게도 시비논쟁거리는 비즈니스 상황에서 전혀 먹혀 들어가지 않는다. 비즈니스를 하다 보면 여러 가지 일이 생긴다. 그 중에 하나가 서로의 잘잘못이 교차하는 지점에서 발생하는 일일 것이다.

한번은 모회사의 장기교육 수주를 받아 연수원에 교육을 간 적이 있다. 우리는 교육을 맡아서 진행하고 그 회사에서는 교육의 전반적인 진행업무를 챙기는 것이 서로의 임무였다. 그런데 교육이 길어지는 동안 회사 쪽 담당자가 계속 연수원에 늦게 오는 일이 벌어지면서 커피와 음료 등등의 간식이 제때 준비되지 않는 상황이 발생했다.

결국 우리 교육생들이 다른 회사의 강의실 앞에 준비되어 있는 간식을 먹는 일이 생기게 되었다. 그 결과 다른 회사의 진행자분이 싫은 소리를 하게 되었고, 우리 교육생들은 별것 아닌 커피 몇 잔 마신 일로 기분이 상하게 되어 왜 우리 강의실에는 간식을 비치하지 않느냐고 항의를 받게 되었다.

사실 간식의 준비는 우리 일이 아니었다. 회사에서 준비하기로 했기 때문이다. 문제는 회사 쪽 담당자가 교육 때마다 늦게 왔기 때문에 벌어진 일이다. 처음 몇 번은 기분 상하지 않게 회사 담당자에게 잘 이야기했지만 같은 일이 반복되자 우리는 매우 곤혹스러웠다. 우리가 진행하는 교육 역시 이곳저곳에서 삐걱거렸다. 교육을 받는 분들이 기분이 좋지 않은 상태에서 교육을 진행하기란 그리 쉬운 일이 아니다. 호의적이지 않은 청중을 앉혀 놓고 강연을 해야 하는 입장이 되어보라.

우리는 선택을 해야만 했다. 담당자에게 잘잘못을 따져 "우리가 할 일과 그쪽이 할 일을 명확히 해주라."라든가 "간식 따위로 우리가 이런 항의를 받고 있으니 당신이 잘못한 것 아니냐."라는 식의 이야기를 할 수도 있었다. 혹은 회사에 연락을 하여 담당자의 게으름을 성토할 수도 있었다. 어느 쪽이든 당장의 문제는 해결되었을 것이다.

하지만 결국 우리가 선택한 것은 아침마다 우리가 직접 당장 필요한 음료와 간식을 가지고 가는 일이었다. 우리가 미리 비치해 놓자 그런 항의는 없어졌고, 교육장의 분위기도 좋아졌다. 그리고 회사 담당자도 미안해졌는지 그 후로는 지각하는 일이 점점 줄어들었다. 간식과 음료도 제대로 챙겨졌음은 물론이다.

한번 생각해보자. 그 상황에서 내가 얻고 싶은 것은 그 업무에 대한 책임 소재의 잘잘못을 가리는 것인가, 아니면 업무를 더욱 효율적으로 진행하는 것인가. 시비를 가리는 일은 누구나 할 수 있겠지만 이 경우에 필요한 일은 잘잘못을 따지는 일이 아닌 원활한 강의였다. 만약 우리 책임이 아님을 말하고 분명히 항의하거나 그 이상의 조치를 취했다면 그럭저럭 문제는 해결할 수 있었겠지만 결국 위와 같이 부드러운 결과는 얻을 수 없었을 것이다. 게다가 이러한 일의 전말을 시간이 흐른 후에 상대방이 알게 된다면 그렇게 행한 사람의 가치는 더욱 높아질 것이다.

나폴레옹의 집사를 하고 있던 콘스탄트는 황후 조세핀과 자주 당구를 쳤다. 그가 쓴 『나폴레옹의 사생활 회고록』에는 다음과 같은 고백이 쓰여 있다.

"나의 당구 수준은 대단히 높아 웬만하면 지지 않는다. 하지만 황후에게는 항상 이기는 것을 양보하도록 하였다. 그것이 황후에게는 매우 기뻤던 모양이다."

이 고백은 매우 귀중한 교훈을 내포하고 있다. 당장의 승리는 짧은 승리감과 성취감을 남긴다. 하지만 길게 보면 어려움을 남길 수도 있다. 옛 사람의 말에도 있듯, '지는 것이 이기는 것'이며, '진정 현명한 자는 이기는 자가 아니라 싸우지 않는 자'이다.

링컨은 어느 날 동료와 싸움질만 하고 있는 한 청년 장교를 나무란 적이 있었다.

"자기의 향상을 염두에 두고 있는 사람은 시비 같은 것을 하고 있을 여가가 없을 것이다. 더구나 시비의 결과 마음이 불쾌해지거나 자제심을 잃어버리던가 하면 더욱더 싸움은 할 수가 없다. 이쪽에 오 푼의 이치밖에 없을 경우에는 아무리 중대한 일이라도 상대에게 양보해야 한다. 이쪽에 십 푼의 이치가 있다고 생각될 경우에도 사소한 일 같으면 양보하는 편이 훨씬 좋다. 골목에서 사나운 개를 만나면 권리를 주장해서 물리기보다는 개에게 길을 양보하는 것이 현명하다. 실랑이 끝에 비록 개를 죽였다손 치더라도 개에게 물린 상처는 쉽게 낫지 않을 것이다."

훌륭한 리더라면 시비를 가리는 진흙탕 싸움에 어떻게 해야 들어가지 않을지, 만약 들어갔다면 어떻게 빠져나올 수 있을지를 생각해야 한다. 시비는 일단 무조건 피하고 보는 것이다. 그리고 떠올려 봐라. 내가 이 시비를 가리는 싸움에서 이기면 가질 수 있는 것이 무엇인지, 그 승리의 전리품이 나중에도 두고두고 도움이 될 것인지 말이다. 만약 하고자 하는 일의 진정한 목적을 생각한다면, 살아가면서 시비를 가려야 할 일은 결코 오지 않을 것이다.

04

하수는 상대의 잘못을 지적한다

소크라테스는 제자들에게 되풀이해서 다음과 같이 말하였다.

“나는 오직 한 가지 일밖에 모른다. 그것은 나는 아무것도 모른다는 바로 그것이다.”

아무리 잘나고 현명한 사람이라 자부한다 하더라도, 소크라테스보다 현명한 사람이라 말할 수 있는 사람은 그리 많지 않을 것이다. 소크라테스의 이 문구를 잘 기억하고 새겨둔 사람이라면 이 문구 덕분에 여러 가지 현명한 결과를 얻을 수 있을 것이다. 잘못을 지적하는 것으로 해결될 일이라면 설득이 필요한 경우도 아닐 것이며, 잘못을 지적하는 순간 설득하기 위해 많은 것들을 되돌려야 할 것이다.

상대가 틀렸다고 생각될 때는, 그러니까 그것이 명백한 잘못이 있을 때는 다음과 같이 서두를 꺼내는 것이 좋지 않을까 싶다.

"저는 지금 그렇게 생각하고 있지는 않습니다, 그런데 사실 저도 자주 잘못 판단하는 경우가 있기 때문에 저의 잘못일 수도 있다고 생각합니다. 저는 잘못이 있다면 고치려고 합니다. 그러니 지금의 사안을 다시 잘 생각해봅시다."

이러한 말에는 큰 효력이 있다. 이 이야기는 지금은 나도 잘못된 생각을 할 수도 있고, 당신도 잘못된 생각을 할 수도 있으므로 서로 한발 물러서서 다시 한 번 생각해보자는 말이다. 이에 대해서 반대할 사람은 별로 없을 것이다. 이 방법은 번거롭지만 WIN-WIN이라는 현명한 길을 가기 위한 효과적 방법이다.

'나의 잘못일 수도 있다고 생각합니다.'라고 말한다고 해서 정말로 자신의 잘못이 되는 것은 아니다. 실제로도 잘못을 시인하는 말은 아니다. 하지만 많은 경우에는 이 정도 말만으로도 시비를 끝낼 수 있는 마법의 말이다. 일단 이 말을 꺼내놓고 나면 대부분의 경우 상대도 이쪽에 관대하며 공정한 태도를 취하고 싶어질 것이며, 그 뒤에는 자기도 틀렸을지도 모른다고 반성할 마음을 일으킬 것이다.

상대가 분명히 나쁘다고 알고 있을 경우에 그것을 노골적으로 지적하면 어떤 사태가 일어나겠는가?

현명한 이성적 원칙대로만 움직이는 사람은 좀처럼 없다. 대개의 사람은 편견을 가지고 선입견이나 질투 · 시기심 · 공포, 또는 뒤틀린 마음이나 자부심 등에 침식당하고 있다. 그리고 자기들의 사상이나 종교, 좋아하는 색깔, 어떤 정치인이 좋거나 싫다는 생각을 좀처럼 바꾸려 하지 않는다. 만약 남의 잘못을 지적하고 싶다면, 다음의 문장을 읽고 난 다음에 하는 것이 좋다.

제임스 로빈슨 교수의 명저『정신의 발달과정』의 한 구절을 인용하여 보자.

"우리들은 그다지 심한 저항을 느끼지 않고 자기의 사고방식을 바꿔주는 경우가 흔히 있다. 그런데 남으로부터 잘못을 지적당하면 화를 내고 고집을 부린다. 우리들은 실로 애매한 동기에서 여러 가지 신념을 갖게 된다. 그러나 그 신념을 누군가가 바꾸려고 하면 우리들은 억척스럽게 반대하는 경우가 종종 있다. 이 경우 우리가 중시하고 있는 것은 분명히 신념 그 자체는 아니며 위기에 처한 자존심일 뿐이다. '나의'라는 단순한 말이 실은 이 세상에서는 가장 중요한 말이다. 이 말을 올바르게 포착하는 것이 깊은 사려와 분별의 시작이다.

'나의' 직장, '나의' 일, '나의' 집, '나의' 아버지, '나의' 나라, '나의' 하느님, 그 아래 무엇이 이어지든지 이러한 '나의'라는 말에는 같은 강도의 의미가 담겨져 있다.

우리들은 자기의 것이라면 시계든 자동차든 혹은 또 천문·지리·역사·의학, 그 외의 지식이든 어쨌든 그것이 욕을 먹게 되면 한결같이 화를 낸다.

우리들은 지금까지 진실이라고 받아들여 온 것을 언제까지나 믿고 싶은 것이다. 그 신념을 흔들어놓는 대상이 나타나면 분개한다. 그리고 어떻게든지 구실을 만들어 처음의 신념을 물고 늘어지려고 한다. 결국 우리들의 논의는 대개의 경우, 자기의 신념을 고집하기 위한 과정에 불과한 경우가 허다하다."

뛰어난 저자이자, 연설가, 정치인인 벤자민 프랭클린에게는 그의 일에 사사건건 반대하는 정적이 한 명 있었다고 한다. 프랭클린 역시 그의 의견에 반대한 적이 있으므로 딱히 누구의 잘못이라고 할 수는 없다. 문제는 일단 정적이 되자 서로 흔쾌히 협력할 수 없는 껄끄러운 분위기가 둘 사이에 계속 흐르게 되었다는 점이다.

이때 정적 간의 싸움을 계속 이어가는 대신 프랭클린이 선택한 방법은 조금은 뜻밖의 방법이었다. 독서를 핑계 대고 정적에게서 희귀한 책 한 권을 빌렸던 것이다. 그리고 며칠 후 읽은 책을 책에 대한 감상을 적은 감사의 편지와 함께 정중하게 돌려주었다. 그 후 프랭클린의 정적은 왜 그런지 그와 맞설 의욕을 잃어버렸다고 한다. 정적에서 동등한 친구가 되자 감정보다는 이성에 앞서 상대방의 의견을 판단하게 되었던 것이다.

벤자민 프랭클린의 자서전에는 이밖에도 사람과 인격에 대해 연마하는 방법에 대한 유용한 충고가 가득 들어 있다. 이 자서전에서, 프랭클린은 어떻게 해서 자기가 논쟁을 통해 상대방을 상처 입히는 것을 좋아하는 그 나쁜 버릇을 극복하고, 유능함과 인간관계적인 면에 있어서 미국 제일의 인물이 될 수 있었는가를 말하고 있다. 스스로 마음속에 있는 나쁜 버릇인 상대방을 지적하는 것을 걷어내는 것이 먼저인 것이다.

이 장에서 언급한 사항은 결코 새로운 무슨 기발한 이야기는 아니다. 2000여 년 전, 그리스도는 '하루 빨리 그대의 적과 화해하라'고 가르쳤다. 말하자면 상대가 누구이든 상대의 잘못을 지적하여 화를 돋우지 말고 사교적 수완을 발휘하라는 뜻이다.

리더로서 잘못을 지적하는 것으로 그 문제를 잠재울 수는 있지만, 지적은 하수가 하는 것임을 명심하라.

05

고수는 자신의 잘못을 깨끗이 시인한다

자신의 잘못이 명백하다고 생각되면 설득의 고수는 상대방이 자신을 비난하기 전에 자기 스스로가 자기를 꾸짖는다. 잘못을 이미 하고 말았는데 억지로 우기며 시간만 끌고 있다면 결국에는 명성도 실속도 얻기 어려울 것이다. 타인의 비난을 받기보다는 자기 스스로 비판하는 것이 개인적으로도 훨씬 마음 편하다. 자기에게 잘못이 있을 때, 상대가 말할 것을 먼저 자기가 말해버리는 것도 한 요령이다. 잘못을 깨끗이 시인하고, 반성의 말을 깔끔하게 내놓는다. 그렇게 하면 상대에게는 아무런 할 말이 없어진다. 십중팔구 상대방은 관대해지고 이쪽의 잘못을 용서하는 태도로 나오게 될 것이다.

비즈니스를 하는 상황에서는 갑과 을이라는 관계로 상대방을 대하기가 쉽다. 특히 요즘 들어 갑과 을이 상하가 아닌 파트너의 관계에 있다 해도 여전히 까다로운 갑은 존재한다. 만약 당신이 까다로운 갑을 만나는 상황이라면 특히 이러한 방법이 주효할 때가 많다. 특히 스스로 매우 지적이고 똑똑하다고 여기는 갑에게 더욱 유용한 방법이다.

다음은 한 광고회사에서 카피문구를 만드는 분이 겪었던 일이다.

"광고나 편집용의 카피는 면밀하고 정확해야 하는 것이 중요합니다."

그는 이렇게 전제를 하고 이야기를 시작했다.

"광고 편집하는 사람들은 주문한 일을 무턱대고 독촉하는 경우가 많습니다. 그런 경우에는 급하게 일처리를 하다 보니 작은 잘못이 생기게 마련이더라고요. 내가 알고 있는 광고 감독 중에는 항상 작은 잘못을 찾아내는 것을 즐기는 사람이 있는데 저는 그 사람의 비평 내용보다 비평의 방법이 항상 비위에 거슬렸습니다.

역시 급한 독촉에 급하게 처리한 일을 그의 사무실로 전달한 일이 있었는데 얼마 후, 자기 사무실로 곧장 오라는 전화가 걸려 왔습니다. 달려가며 또 어떻게 화를 낼까 하며 오만 가지 생각을 했습니다.

예상대로 그의 사무실에 들어가니 그는 잔뜩 인상을 찌푸리고 있었습니다. 그리고 나를 보자마자 마구 혹평을 가하기 시작했습니다. 긴 시간 혹평을 들으면서 지난 교육 시간에 배웠던 자발적 자기비판의 방법을 이용할 기회가 왔다고 생각되어 한번 해보자고 마음먹었습니다.

그래서 저는 이렇게 말했습니다. '감독님의 말씀하시는 것을 들으니 제 잘못이 틀림없습니다. 뭐라고 사과드릴 말이 없습니다. 정말 죄송합니다.'그러자 그는 잠깐 당황하는 듯하다가 잠시 생각에 잠겼습니다. 그리고 예상외의 말을 꺼냈습니다. '그건 그렇긴 한데 뭐, 지금 이 정도는 그래도 괜찮아요. 조금 안 됐기는 하지만.' 처음의 그 저승사자의 모습이 갑자기 바뀌어 저도 놀랐습니다. 그래서 제가 이렇게 말했죠. '아닙니다. 이건 제 잘못이 분명합니다.' 이렇게 말하는데 마음이 이상하게 재미있어 지더라고요. 자기비판을 하는 일은 난생 처음 있는 일이었는데 한번 해보니 여간 흥미가 이는 것이 아니더라고요. 그는 또 뭐라고 말을 할 듯했으나 저는 그런 여유를 주지 않았습니다. 저는 계속해서 이렇게 제의했습니다. 제가 좀 더 신중을 기했어야 했는데, 지금까지 감독님께 많은 일을 얻고 있는 처지임에도 불구하고 당연히 최선을 다해야 했습니다. 미안합니다. 감독님 마음에 들도록 다시 한 번 처음부터 시작하겠습니다.

이렇게 말하는 것이 흥미가 있다고 하기는 했지만, 정말로 저는 저 일을 처음부터 시작할 셈이었지요. 평상시 감독님은 맘에 들지 않는 일을 항상 그렇게 처리하셨으니까요. 그러나 감독님의 말은 이번에도 제 예상과 어긋났습니다. 그분은 이렇게 얘기했죠. '그렇게까지 수고를 끼칠 생각은 없어요.'

그리곤 처음부터 다시 할 것 없이 지금 상태에서 조금만 고쳐주면 좋겠다고 말하였습니다. 당신이 저지른 잘못으로 손해가 생긴 것도 아니고 결국은 사소한 문제이니 그렇게 속을 태울 것도 아니라는 것이었습니다.

결국 제가 점심 식사 대접을 하는 것으로 이 사건은 끝이 났습니다. 그리고 헤어지기에 앞서 그는 그 건에 대한 현금 지불과 함께 다른 일거리의 주문도 제게 맡겼습니다."

어떤 바보라도 잘못된 일의 핑계쯤은 댈 수가 있다. 사실 바보는 대개 그런 짓거리를 곧잘 취한다. 그러나 자기의 과실을 인정하는 것은 자신의 가치를 올리고 스스로도 무엇인가 고상한 느낌을 갖게 되어 기쁜 것이다.

그 예로써 미국 남북전쟁 당시 남군 총사령관 로버트 E. 리 장군의 전기에 기록된 미담 한 가지를 소개하겠다. 로버트 E. 리 장군은 게티스버그 전투에서 부하 피케트 장군이 실패한 책임을 자신이 혼자서 짊어진 일이 있었다.

리 장군의 밑에는 훌륭한 돌격 대장인 피케트 장군이 있었다. 피케트 장군은 용맹이 뛰어난 군인으로 붉은 갈색 머리칼을 길게 늘여 어깨까지 닿을 듯한 모습이었다. 피케트 장군의 돌격작전은 서양 전쟁사에서도 그 예를 찾아볼 수가 없을 만큼 용감하고 치열한 것이었다.

운명의 날 오후, 그가 말에 올라 모자를 비스듬히 쓴 모습으로 진격을 시작할 때쯤에는 그를 신뢰하던 부하들은 온통 갈채를 아끼지 않았다. 그들은 군기를 바람에 나부끼고 총검을 번쩍이면서 용감무쌍히 장군의 뒤를 따랐다. 참으로 용맹스런 광경이었다.

이 당당한 진군을 바라보고 있던 적진에서도 탄성의 소리가 들렸다. 용맹한 피케트 돌격대는 적탄을 무릅쓰고 들을 넘고 산을 넘어 물밀 듯이 진격해 들어갔다. 하지만 세미터리 리치에 도착하였을 때, 돌연 돌담 뒤에서 북군이 나타나서 피케트의 부대를 향하여 맹렬한 사격을 일제히 퍼부었다. 세미터리 리치의 언덕은 순식간에 아수라장으로 돌변했다. 결국 피케트 군대의 지휘관 중에서 살아남은 장교는 오직 한 사람뿐이었고 5천 명의 군사는 눈 깜짝 할 사이에 그 5분의 4를 잃었다.

아미스테 대장은 남은 병사들을 이끌고 최후의 돌격을 감행하였다. 그는 돌담에 걸터앉아서 총검 끝에 모자를 얹고 큰 소리로 "돌격! 돌격!" 하고 외쳤다. 돌담을 뛰어넘고 적진 속으로 뛰어 들어간 남군은 대전란 끝에 마침내 남군의 군기를 세미터리 리치에 꽂는 데 성공하였다. 그러나 그것도 순식간의 일이었다.

피케트의 돌격 작전은 치열하고 찬란했으며 용감무쌍한 작전이었으나 기실은 남군이 패배한 첫 번째의 시련이었다. 리 장군은 이 작전에서 완전히 실패한 것이다. 이 작전으로 고지 점령은 성공했지만 너무나 많은 병사가 죽은 남군의 패배를 알리는 전투가 되었다.

이로써 남부연맹의 운명은 결정되었다. 완전히 의기를 상실한 리 장군은 남부연맹의 대통령 제퍼슨 데이비스에게 사표를 제출하고 자기보다 젊고 유능한 인물을 임명하도록 건의하였다.

리 장군이 피케트의 돌격 작전에 따른 실패의 책임을 다른 사람에게 전가하려 생각할 수도 있었을 것이며, 얼마든지 변명의 길도 있었을 것이다. 휘하의 사령관 중에서 그의 명령을 어긴 사람도 있었다. 기병대도 돌격의 시간보다 늦게 도착했었다. 그 외에도 여러 가지 이유를 들 수도 있었다.

그러나 그는 책임을 전가하기에는 너무나도 고결한 인물이었다. 패배한 피케트 부대의 병사를 혼자서 전선으로 마중나간 리 장군은 한결같이 자기를 책망하였다. 그야말로 숭고하리만큼 철저한 태도였다.

그는 병사들을 향하여 이렇게 말했다.

“이번 일은 모두가 다 나의 잘못 때문이다. 책임은 나 한 사람에게 있다.”

이렇게 부하들에게 책임을 전가시키지 않고 사죄할 수 있는 용기와 인격을 구비한 장군은 동서고금의 전쟁사를 통해서 그렇게 흔하게 볼 수 있는 것이 아니었다.

알버트 하버드라는 작가는 독창적이고 비판적인 글로 인정받는 작가였다. 하지만 그가 유명한 이유는 그런 것이 아니라 다른 것에 있다고 할 수 있다. 그의 신랄한 문장은 자주 여론의 맹렬한 반격을 받았다. 그런데 그는 보기 드물게 그런 일에 관한 한 달인이었다. 즉, 적을 자기편으로 끌어들이는 재주가 비상하였다고 할 수 있다.

가령, 독자로부터 혹독한 항의가 들어왔을 경우에 그는 다음과 같은 답장을 보낸다.

"실은 제 자신도 그 문제에 대해서는 크게 의문을 느끼고 있습니다. 어제의 제 의견이 반드시 오늘의 제 의견은 아닙니다. 귀하의 의견을 듣길 원하며 참으로 저의 뜻과 함께 함을 느꼈습니다. 이곳으로 지나갈 일이 있으시다면 누추하지만 꼭 저희 집에 들려주시기 바랍니다. 심기일전하여 서로의 의견이 일치함을 축하하고자 하는 바입니다."

이런 식으로 자기 자신을 낮추어서 대하면 대개의 사람은 더 이상 다른 말을 하기가 어려워진다.

자기가 옳을 때는 상대를 재치 있고 친절하게 상대를 설득하라. 또 자기가 잘못되어 있을 때 – 잘 생각해보면 자기가 틀려 있을 경우가 놀랄 만큼 많기도 하다 – 는 조속히 자기의 잘못을 흔쾌히 시인하도록 하라. 그러면 예상 밖의 효과가 있을 것이다. 게다가 괴로운 변명을 하기보다는 이렇게 하는 편이 훨씬 유쾌한 기분이 될 수 있다.

06

리더라면 주도성을 넘겨라

사람은 남으로부터 강요된 의견보다는 자기 스스로 생각해낸 의견을 훨씬 중요하게 여긴다. 그렇다면 남에게 자기의 의견을 강요하려는 태도는 애초부터 잘못된 것이다.

훌륭한 토론가는 훌륭한 사회자이기도 하다. 오히려 자신의 주장만을 일관되게 말해야 하는 참가자보다는 서로 다른 진영의 의견을 모아 하나의 결론으로 몰 수 있는 사회자에게 더욱 능숙한 자질이 필요하다. 그러니 격렬한 토론을 정리해서 일관된 의견을 도출할 수 있는 사회자야말로 진정 현명한 사람이라 할 수 있을 것이다. 꼭 토론이 아니더라도 힌트를 주어서 상대로 하여금 스스로 결론을 내리게 하는 것이 어느 모로 보나 훨씬 더 현명한 방법이다.

한때 나는 매출 부진으로 사업이 어려워진 기업교육 회사의 운영을 맡은 적이 있다. 계속된 매출 실적의 부진으로 구성원들은 모두 기가 꺾여 있었고, 사장조차 어느 정도 사업을 포기하고 있었다. 나는 그들을 격려할 필요성을 느꼈다.

우선은 회의를 열어서 그들의 요구를 기탄없이 발표하도록 권유했다. 나는 그들의 요구사항을 보드에 적은 후, 구성원들에게 다음과 같이 말했다.

"좋습니다. 여러분의 의견을 모두 들어드리겠습니다. 그럼 반대로 여러분이 저를 위해 할 수 있는 일이 무엇인지, 그것에 대해 말해주시기 바랍니다."

그러자 구성원들은 즉석에서 대답했다. 죽기 살기로 일하겠다고 말하는 사람이 있는가 하면, 팀워크 등을 약속하는 사람, 퇴근을 반납하겠다고 하는 사람 그리고 일 년 동안 휴가를 반납하겠다는 사람도 있었다. 회의는 모두가 일치단결하여 용기와 감격을 바탕으로 새롭게 시작하기로 하고 끝마쳤다. 그리고 그 후 매출 성적은 놀라울 만큼 향상되었다. 사업을 포기하고 있었던 회사 사장은 눈부신 사업 발전에 깜짝 놀라 비결을 물었다. 나는 이렇게 말했다.

"구성원들은 일종의 도의적인 계약을 저와 맺은 겁니다. 제가 그 계약에 따라서 행동하는 한 그들도 역시 저와 같이 행동하려고 결심한 것이죠. 그들의 희망이나 의견을 들어준 것이 기사회생의 묘약이 된 것입니다."

상대방으로부터 강요를 당하고 있다든지, 명령을 받고 있다든지 하는 느낌은 어떤 사람이든 싫은 것이다. 일을 하는 입장에서는 그것보다도 주도적으로 행동하고 있다는 느낌이 드는 편이 오히려 바람직하다. 상대방의 욕망이나 의견을 듣는 입장에 서기보다는 자기의 희망이나 욕망이나 의견을 남이 들어주는 것이 더욱 기쁜 것은 인지상정이다.

유진 웨슨이라는 사람의 예를 인용해서 생각해보자. 직물 제조업자에게 아이디어를 공급하는 스튜디오에 밑그림본을 뜨는 사본 그림을 팔아넘기는 것이 웨슨 씨의 업무였다.

그는 뉴욕의 어떤 일류급 디자이너를 3년간 매주 방문하고 있었다. 웨슨 씨는 그 디자이너에 대해 이렇게 말했다.

"그는 언제나 만나주기는 하지만 한 번도 제 디자인을 사주지는 않았습니다. 저의 스케치를 천천히 들여다보고는 '안 되겠군요. 웨슨 씨. 역시 마음에 들지 않아요.'라고 말할 뿐이었지요."

무려 1백50회의 실패를 거듭한 후에 웨슨 씨는 생각하는 방식을 바꿀 필요가 있다고 생각하였다. 그래서 그는 새로운 방식에 대해 많은 연구를 한 후 다시 용기를 냈다. 그리고 이 새로운 방식을 실험하기 위해서 미완성의 그림을 몇 장 가지고 구매자 사무실로 찾아갔다.

"실은 여기에 미완성의 스케치를 가져왔습니다만 이것을 어떻게

완성시키면 당신에게 쓸모가 있는지 견해를 듣고 싶어서 왔습니다. 지장이 없으시다면 아이디어를 주셨으면 합니다."

이렇게 그가 부탁을 하자 디자이너는 스케치를 말없이 쳐다보고 있다가 이윽고 이렇게 말했다.

"웨슨 씨, 2~3일 동안 맡아둘 터이니 한 번 더 찾아와줘요."

3일 후에 웨슨 씨는 다시 디자이너를 찾아가서 여러 가지 의견을 들은 다음에 스케치를 도로 가지고 갔다. 그리고 디자이너의 의견을 반영하여 디자인을 완성하였다. 그 결과 물론 그림을 몽땅 팔게 되었고 회사는 오랜 손실에서 벗어날 수 있었다.

이 같은 방법은 지금도 여러 곳에서 응용되고 있다. 오늘날 많은 회사에서 고객의 소리를 통해 고객들을 제품 개발에 참여시키고 있으며, 고객이 참여하는 아이디어대회나 상품 아이디어 공모 역시 활발하게 이루어지고 있다. 때로는 신상품의 이름이나 콘셉트를 공모하기도 한다. 이런 이벤트를 통해 고객들은 제품을 구매할 것을 강요당하는 것이 아니라, 자신의 의견이 들어간 그 제품을 사기로 한 것이 된다. 설사 다른 고객의 의견이 들어간 것이라도 고객은 같은 동질감을 느낀다. 그렇기 때문에 결국 고객의 마음이 자발적으로 움직이게 되는 것이다. 고객의 주도성이 그곳에 들어가게 되었다고 느끼기 때문이다.

07

아름다운 경쟁심에 불을 지펴라

카네기에게 채용되었지만 카네기보다 더 많은 연봉을 받았던 US 철강회사의 찰스 스와브가 담당하고 있는 공장 중에서 실적이 오르지 않는 공장이 있었다. 스와브는 공장장을 초청하여 다음과 같이 물었다.

"당신은 퍽 유능한 사람으로 알고 있는데, 의외로 실적이 오르지 않으니 어떻게 된 일인가?"

그러자 책임자인 공장장이 머리를 긁적이며 말했다.

"저도 그 이유를 알 수가 없습니다. 어르고 달래고, 치켜주고 해서 모든 수단을 강구하고 있으나 직원들 일하는 것이 도무지 시원치 않은 것 같습니다."

마침 그때 주간 근무자와 야간 근무자의 교대 시간이 되었다. 스와브는 분필을 찾아 손에 쥐고 공장을 찾아가서, 교대 준비를 하고 있는 주간 근무자에게 물어보았다.

"자네 근무반에서 오늘 몇 번 주물을 흘려보냈는가?"

"여섯 번입니다."

철강 회사에서는 주물을 한 번 흘려보낼 때마다 한 묶음의 철강을 생산할 수 있다. 스와브는 아무 말도 하지 않고 그 공장의 바닥 위에 '6'이라는 숫자를 써놓고 나가버렸다. 야간 근무조가 들어와서 이 숫자를 보고 그 의미를 주간 근무자에게 물어보았다.

"사장님이 이 공장을 다녀가셨어. '오늘 몇 번 주물을 흘렸는가'라고 묻기에 여섯 번이라고 대답하니 이렇게 '6'자를 써놓고 가셨네."

스와브는 다음날 아침에 다시 공장을 찾아가 보았다. 바닥의 글씨를 보니 '6'이라는 숫자를 지우고 그 위에 야간근무자가 커다란 글자로 '7'이라고 적어놓은 것을 발견했다. 야간반이 더 성적을 올린 셈이다. 주간반은 경쟁심을 불태웠고, 노력한 결과 퇴근 시에는 '8'이라는 숫자를 써놓을 수 있었다. 그 후에는 말 그대로 일사천리였다. 공장의 능률은 자꾸 올라갔고, 성적이 불량했던 이 공장은 얼마 안 가서 다른 공장을 누르고 생산율에 있어서 제1위를 점유하기에 이르렀다. 숫자 하나가 일으킨 경쟁심이 공장 전체를 변화시켰던 것이다.

이에 대해서 스와브 이렇게 말했다.

"일에는 경쟁심이 가장 중요하다. 악착스러운 돈벌이의 경쟁이 아니고 상대방보다도 뛰어나겠다는 경쟁심을 이용하여야 한다."

실적을 우선시한다면 우위를 점유하고 싶다는 욕구와 경쟁의식에 호소하는 것도 하나의 방법이다.

이런 경쟁심이 자극되지 않았다면 루즈벨트도 대통령이 되지 못했을지도 모른다. 그는 스페인과의 전쟁에서 귀환하자, 즉시 뉴욕 주지사로 선출되었다. 그런데 반대파에서 루즈벨트에게 법적으로 뉴욕주의 거주인로서의 자격이 없다고 항의하였다. 아무리 루즈벨트라도 이러한 상황에서는 어찌해 볼 도리가 없어 그는 사퇴의사를 표명하였다. 그러자 친구 토머스 콜리어 플래트가 그에게 고함을 질렀다.

"자네가 그래도 산 후앙 언덕의 전선에서 싸웠다는 용사인가? 이 비겁한 친구야!"

그제야 루즈벨트는 사의를 번복하고 머물러 서서 싸울 결심을 하였다. 그다음은 이미 역사에 나타나 있는 그대로이다. 루즈벨트의 경쟁심과 투쟁심을 자극한 이 한 마디는 그의 생애를 바꾸어 놓았을 뿐만 아니라 미합중국의 역사에도 중요한 영향을 끼쳤다.

파이어스톤의 창설자 하버드 S. 파이어스톤은 다음과 같이 말하고 있다.

"그저 손쉽게 급료만 주면 사람이 모이고, 인재가 확보될 거라는 생각은 대단히 그릇된 생각이다. 무엇보다 게임의 정신, 그러니까 경쟁심을 도입하는 것이 필요하다."

성공한 사람들은 하나같이 모두 게임을 좋아한다. 게임은 참가한 사람에게 자기표현의 기회를 주는 수단이기도 하기 때문이다. 정정당당하게 싸워 상대를 이기는 기회, 이것이 여러 가지 경쟁을 성립시키는 요소이다. 그러므로 우위를 점하고 싶은 욕구와 충족감을 얻고 싶은 소망을 자극하는 것이다.

적절한 경쟁심은 사람을 성장시키고 조직을 성장시킨다. 단지 리더로서 그 경쟁심이 조직을 위한 적절한 경쟁심인지 아닌지만 제대로 판단하면 된다. 고교시절 시험공부를 하며 졸릴 때 경쟁자가 공부하는 모습을 떠올리며 심기일전 했던 때를 생각해보라. 더구나 적절한 경쟁심은 스와브의 사례처럼 일을 즐거운 게임으로 변화시키기도 한다. 일이 게임으로 바뀌는 순간 일을 하는 사람들은 신나는 스포츠 경기를 즐기듯이 일을 즐기며 하게 될 것이다.

Chapter 05

준비된 만남과 갑작스런 만남

01

청중의 신뢰를 얻는 길

성실과 진의와 열의, 하나의 거대한 목적을 위해 몇 년간을 참아온 것과 같이, 불과 몇 분의 시간이지만 청중을 사로잡는 데 자기의 전부를 투입하려는 열렬한 결심. 이러한 요소들이 모이면 청중의 마음속에는 연설자의 말에 관심이 생기고, 우정이 생겨나며, 그의 말에 기꺼이 동조해주리라는 생각을 떠올린다. 한 마디로 연설자의 말에 청중이 신뢰하기 시작하는 것이다.

신뢰받을 만한 인격을 수련하라

퀸티리언은 연설가를 '이야기에 숙련된 선인'이라고 정의하였다.

즉, 연설을 잘하는 법은 기술이라고는 할 수 없고, 성실함과 인격이 필요하다는 점을 강조한 것이다. 사실 연설가에게 필요한 것은 '이것이 전부다'라고 해도 좋다. 지금까지 이 책에서 서술한 것, 그리고 앞으로 서술하려는 어느 부분을 보아도 효과적인 연설을 할 수 있게 되기 위해서는 이 근본적인 요소 말고 더 필요한 것은 없다.

피아폰 모건도 신용을 얻는 가장 좋은 수단이 바로 '인격'이라고 말하는데, 이것은 청중의 신뢰를 얻는 길과도 통한다.

"진실과 성의를 가지고 이야기하는 사람의 목소리, 그런 목소리에는 어느 누구도 흉내 낼 수 없는 진실성이 깃들어 있습니다."

이것은 알렉산더 울 코트의 말이다.

특히 사람의 마음을 반드시 사로잡아야만 할 목적이 있을 경우에는 우리들 자신이 진심으로 그것을 인정할 때 우리나는 열성으로써 우리들 자신의 소견을 밝혀야 하고, 남의 마음을 사로잡기 전에 우선 자신의 마음부터 사로잡아야 한다.

받아들일 수 있는 분위기를 조성하라

노드웨스턴 대학의 전 학장이었던 월터 디일 스코트는 다음과 같이 말했다.

"마음속으로 들어오는 모든 관념, 개념, 결론은 그것에 반대되는 생각들에 방해되지 않는 한 진실한 것으로 받아들여진다."

이것을 좀 더 집약해서 말한다면, 연설가는 청중이 항상 당신의 이야기에 '예스'를 던질 수 있는 심리적 상태에 있도록 해야 한다는 뜻이 된다. 애초부터 바람직한 동조반응을 획득하려면 어떠한 방법으로 해야 할까? 그 대답은 지극히 간단하다. 링컨은 그것을 다음과 같이 밝혀 놓았다.

"어떤 논의를 꺼내고 그리고서 찬동을 얻기 위해서 내가 취한 방법은 우선 어느 누구나 찬동을 할 수 있는 공동의 광장을 편다는 것입니다."

링컨은 인화질 물건처럼 위험성을 내포한 노예 문제를 논의할 때도 그것을 십분 활용했다. 그 당시 중립적인 입장에 있던 신문『미러』지는 링컨의 연설을 이렇게 보도했다.

"처음 30분간은 링컨이 서술하는 이야기에 대해서 반대하던 사람들도 '반드시' 라고 해도 좋을 만큼 동의를 표했다. 거기서부터 링컨은 그들을 자기가 목표하는 곳까지 이끌고 갔다."

청중에게 논쟁을 거는 화자는, 오직 그들의 고집을 더욱 굳게 만들고 더욱더 굳건한 방어태세를 취하게 하여, 아무리 그들의 마음을 바꾸려 해도 거의 불가능할 지경으로 만들어 놓는 것이 고작 아닐까? '나는 이러이러한 것을 증명해 보이겠다'고 하며 시작하는 것이 과연 현명한 것일까? 청중은 그것을 도전으로 받아들여 '하려면 어디 해보자'라고 마음속에 다짐이나 하지 않을는지…….

당신도 당신의 청중뿐 아니라 누구나가 믿고, 알고 있는 일을 강조하면서 서서히 이야기를 시작하여 다음에는 누구나가 대답하여 주길 바랄 수 있는 적절한 물음을 꺼내는 것이 훨씬 유리하지 않을까. 거기서 당신은 답을 찾기 위한 진지한 탐구로 청중을 이끌어야 한다. 답을 찾는 동안 청중이 분명히 알 수 있게끔 사실을 제시하여, 당신의 결론을 마치 청중 자신이 내린 결론인 것처럼 생각이 들게끔 그들을 유도하는 것이다.

무릇, 사람이란 자신이 직접 발견한 진실에 대해서는 다른 것과는 비교도 되지 않을 만큼 강한 신앙을 지니게 되는 법이다.

"강요하지 않고 단순한 설명인 것처럼 받아들여지는 것이야말로 사실은 가장 좋은 주장인 셈입니다."

이 방법을 적용할 수 없는 경우는 거의 존재하지 않는다. 의견의 차이가 아무리 심한 주제라도 반드시 전원을 찬동시킬 수 있는 공동의 광장은 발견되는 법이다.

제임스 하베이 로빈슨 교수의 계몽적인 저서 『정신의 형성』은 이러한 질문에 대해서 심리적인 해답을 주고 있다.

"우리는 아무런 저항이나 강한 감정도 없이 스스로의 생각을 바꾸는 경우가 있다고 깨닫는 수가 있습니다. 그러나 타인으로부터 너의 생각이 잘못이라고 지적당하면 그것에 대해 이유 없는 반항과 외고집이 생기게 됩니다. 우리는 자기의 신념을 형성함에는 너무나 무관심하지만 그 신조를 누구인가가 빼앗으려 하면 그 신조에 대해서 부당할 만큼 애착과 정열을 가지게 됩니다."

분명히 우리에게 중요한 것은 관념 그 자체가 아니라 위협에 놓여 있는 자존심인 것이다.

자기 자신을 감동시켜라

자기 자신을 감동시켜라. 많은 연설가가 이 중요한 말을 종종 간과하곤 한다. 화자 자신이, 상대방에게 자신의 생각과 감정이 전달되게끔 열의를 가지고 이야기할 때에는 청중의 마음속에서 그와 반대되는 생각이 일어나는 비율이 훨씬 줄어들 것이다. '열의'란 마음속에 생겨나는 것이 아니라 마음에서 마음으로 '전해지는' 것이다. 또한 열의에는 마음속에 있는 부정적이고 반대되는 의견을 뿌리쳐 버리는 힘이 있다. 만일 당신이 청중의 마음을 사로잡으려거든, 그들의 사고나 사상에 호소하느니보다 감정을 유도하는 편이 훨씬 유리하다는 것을 기억해야 한다.

감정은 관념보다도 강하다. 감정을 자극하려면 진지성을 가지고 해야 한다. 아무리 미사여구를 늘어놓아도, 그럴 듯한 예를 들어도, 조화를 이룬 음성이나 멋있는 제스처를 써도, 진심에서 나오는 이야기가 아닌 이상 그런 것은 속이 없는 껍데기만의 가식에 불과할 것이다.

청중에게 감명을 주려면 우선 자기 자신을 감동시켜야 한다. 청중에게 전달되는 것은 빛나는 눈동자와 넓게 퍼지는 목소리, 우아한 태도일 수도 있지만, 그 모든 것을 포함한 당신의 진실된 영혼인 것이다.

당신이 이야기할 때는, 특히 이야기의 목적이 언제나 청중의 마음을 사로잡아야 하는 데 있을 경우에는 당신의 태도가 청중의 태도를 결정하기 마련이다. 만약 건방지거나 적개심을 가지고 청중을 대한다면 청중 또한 당신을 그렇게 대할 것이다.

헨리워드 비처는, "청중이 꾸벅꾸벅 졸 때 대처할 방법은 단 한 가지다. 그것은 앞에 있다가 지휘봉을 가지고 졸고 있는 사람을 일으켜 세워서 그것으로 설교자 자신을 찌르게 하는 것이다"라고 말했다.

어느 날 데일 카네기가 세 명의 심사위원 중 한 명으로서 콜롬비아 대학의 커티스상의 심사를 의뢰받은 적이 있었다. 여기에 참가한 학생은 여섯 명이었는데, 모두 연습을 많이 했고 훌륭한 연설을 하기 위해 의기가 넘쳐났다. 그러나 단 한 명을 제외하고는 그들이 열심히 연습한 목적이 오직 메달을 차지하고자 하는 욕심뿐인 것으로 드러났다. 사람의 마음을 사로잡으려는 열의는 전혀, 또는 거의 가지고 있지 않았던 것이다.

다섯 명의 학생은 화제를 선택하는데 있어서도 그렇고, 자신이 말하고 있는 토론에서조차 스스로의 개인적 흥미가 결여되어 있었다. 그저 명석한 머리와 세련된 목소리, 동작으로 '그럴듯해 보이는' 이야기를 하고 있을 뿐이었다. 오직 한 명의 학생, 줄루 족의 왕자만이 다른 다섯 명과는 전혀 다른 태도로 이야기하고 있었다. 왕자가 고른 주제는 〈아프리카의 현대 문명에 대한 공헌〉이었다. 그는 입에서 나오는 한 마디 한 마디에 긴장한 감정을 주입했을 뿐만 아니라, 그의 이야기는 단순한 실습이 아닌, 확신과 열의에서 나오는 생동감 있는 말이었다. 그는 자신의 동포, 또한 자기가 태어난 대륙의 대표로서 말했던 것이다.

그는 지혜와 인격과 선의를 가지고 자기 동포의 희망과 또한 우리에게 설득시키고 싶은 주장을 호소하였다. 연설 자체의 완성도로 따지자면 그보다도 더 나은 경쟁자가 서너 명 있었지만 그래도 심사위원들은 그에게 메달을 수여키로 했다. 그의 스피치에는 진실과 성의의 불꽃이 일고 있다는 것을 심사위원들 모두가 인정했기 때문이었다. 그에 비한다면, 그 외의 사람들의 이야기는 불안스럽게 흔들리는 촛불의 불꽃같았다. 화려하지만 정작 그 빛으로는 아무런 것도 제대로 비추지 못하는 그런 불꽃 말이다.

그렇지만 줄루 족 왕자는 스스로 깨우쳐 알고 있었던 것이다. 고국으로부터 멀리 떨어진 곳에서 스피치를 할 때, 이론만을 내세운다고 해서는 거기에 자신의 인격을 투영할 수 없다는 것을…….

그는 청중들이 자기의 말을 어느 정도 믿고 있는가를 청중으로 하여금 알아듣게 하지 않으면 안 된다는 것을 이미 깨달았던 것이다.

◆ 청중에게 경의와 애정을 보여라

"사람이란 본능적으로 사랑을 받고 또한 존경받고 싶어 하게 마련이다."

이것은 노먼 빈센트 필 박사의 어느 코미디언에 대한 이야기 중에서 나오는 말이다.

사람은 누구나 자기는 가치와 위엄을 겸비한 훌륭한 인물이라는 생각을 마음 한 구석에 가지고 있게 마련이다. 그것을 건드리게 되면 그 사람과의 관계는 영원히 끝나버리고 만다. 하지만 반대로 당신이 어떤 사람을 사랑하고 존경해주면 그 사람 역시 당신을 사랑하고 존경할 것이다. '준만큼 받을 수 있다'는 익숙한 격언도 있지만 그 익숙한 격언을 파푸아뉴기니에서는 '받은 만큼 준다'고 표현한다고 한다. 인간관계에 있어서 이 두 가지의 격언만큼 잘 들어맞는 격언도 드물 것이다. 존중해주는 만큼 존중받을 수 있고, 존중받은 만큼 존중해주는 게 사람이다.

"사람들 앞에 설 때는 항상 다소 당황하지만, 저는 청중을 존경하기 때문에 책임감을 느끼고 그 때문에 당황하지 않는 것입니다. 청중은 당신에 대한 엄격한 심판관입니다. 저는 청중에 대해서 무한한 존경심을 가지고 있습니다."

◆ 빗장을 풀고 마음문을 열게 하라

신의 존재를 반증하기 위해서 어느 무신론자가 윌리엄 페일리에게 도전한 적이 있었다. 그러자 페일리는 조용히 회전시계를 꺼내더니 그 뚜껑을 열어젖히며 조용히 말하기 시작했다.

"여기 시계가 있습니다. 이 시계의 추나 톱니바퀴, 태엽이 하나로 이루어지고 하나가 서로 모여서, 옛날부터 움직이고 있다고 한다면, 당신은 나의 지성을 의심하실 것입니다. 하지만 저 별을 좀 보십시오. 어느 별이건 모두 완전히 정해진 궤도와 운동이 있어요. 지구와 그 외의 떠돌이별은 태양 주위를 돌고 그 천체는 하루에 100마일 이상의 속도로 돌고 있지요. 각 별은 저마다의 태양, 즉 항성을 중심으로 한 군을 이루어 태양계와 똑같이 우주를 뛰고 있는 것입니다. 그런데도 서로 부딪치거나 충돌되어 혼란을 일으키지는 않습니다. 전체가 조용히 그리고 계획적으로 지배되고 있습니다.

이러한 거대한 현상을 우연이라고 생각하는 것과, 누군가가 그렇게 하게 했다고 생각하는 것은 어느 쪽이 믿기 쉬울까요?"

그의 말에 따라서는 각자의 종교적 소신에 따라 다른 대답을 할

수 있겠지만, 그래도 대부분의 사람은 일단 그의 말을 곰곰이 생각해보기 시작할 것이다. 많은 경우 직접 자신의 의견을 주장하며 상대방을 공격하기보다는 상대방과 자신의 의견에서 공통점을 찾아보는 것이 효과적이다.

위의 경우에도 만약 이렇게 말하지 않고, 입을 열자마자 무신론자에게 공박을 가했다고 치자.

"신이 없다고요? 그런 어리석은 말은 삼가시오. 당신은 자신이 무슨 말을 하는지도 알고 있지 못하는군요."

이런 말로 대했다면 결과가 어떻게 되었을까? 그 무신론자도 미쳐서 날뛰는 살쾡이처럼 신성 모독적인 열광으로 자신의 주장을 유지하느라고 일어섰을 것이다. 그리고 틀림없이 말다툼이 격렬해지면서 그런 주제에 아무 소득도 없는 입 싸움이 벌어졌을 것이다.

'왜 그럴까?' 어느 누구든 '자신의' 의견은 스스로에게 말할 수 없이 소중하기 때문이다. 만약 그것을 정면으로 공격당한다면 당사자는 자신의 자존심이 도전받고 긍지가 위험에 빠진다고 생각해버린다. 그리고 논리적인 의견 개진을 하는 대신 감정의 영역으로 논쟁을 떨어뜨려 버린다.

자존심이라는 것은 원래 폭발성을 내포한 사람의 성질이다. 그러니 그것을 건드려 불화를 만드는 대신 차라리 상대편을 내 편으로 가까이 붙이는 것이 더 현명한 처사가 아닐까?

그러기 위해서는 어떻게 해야 할까? 페일리의 예를 따라, 우리가 포섭하려고 한 반대자에게 그가 믿고 있는 것과 비슷하다는 것을 가르쳐주는 것이다. 그렇게 되면 반대자는 당신의 말을 반대하기보다 받아들이는 면으로 기울 것이다. 그것은 우리가 말하는 이야기의 가치를 손상시키는 배타적인 생각이 일어날 것을 막는 것이다.

인간의 마음이 어떻게 작용하는가에 관해 페일리는 자기 자신이 얼마나 미묘하게 이해하고 있나를 보여주는 대목이다. 그러나 대부분의 사람은 그러한 미묘한 능력이 결핍되어 있다. 성을 공략하기 위해 정면공격으로써 돌진해야 한다는 그릇된 생각도 갖고 있다. 과연 그런 행동을 하면 어떻게 될까? 적대관계가 된 순간 성을 지키는 측은 성문을 닫고, 다리를 걷어 올리고 빗장을 지른 채 갑옷으로 무장한 사수가 활을 쏘면서 대기할 것이다. 그리고 언어의 전쟁이 시작되고, 공격하는 측과 수비하는 측이 팽팽히 맞선 채 결국에는 쌍방이 서로 상처를 입을 뿐이다. 이런 싸움은 언제나 무승부로 끝이 나기 마련이다. 쌍방이 서로 무엇 하나 납득시키지 못하고 끝나버리는 것이다.

내가 여기서 주장하고 있는 보다 분별 있는 이 방법은 어제 오늘에서 비롯된 것이 아니라, 아득히 먼 옛날에 성 바울에 의해 이미 사용된 것이다. 성 바울은 이 방법을 머즈힐의 아테네 사람에게 보낸 유명한 경고 중에 사용하고 있다. 그것은 2000년이라는 세월을 넘어서 지금은 우리로 하여금 감탄하여 마지않게끔 절묘하게 세련된 방법이었다. 성 바울은 완전한 교육을 받은 자로서 그리스도교에 귀의한 후에는 탁월한 웅변 덕택에 그리스도교의 지도적인 창도자가 되었다.

어느 날, 성 바울이 아테네로 왔을 때의 일이다. 성서는 그때의 아테네를 이렇게 형용하고 있다.

"도대체 아테네 사람들과 여기에 머물러 있는 사람들 모두가 뭐 좀 귀에 새로운 일이 없나 하고, 지껄이고 듣고 하는 일에만 시간을 소비하고 있었다."

물론 인터넷이나 텔레비전은 고사하고 라디오·전화·신문 등의 보도 매체도 없었던 당시의 일이다. 그러므로 매일 오후가 되면 아테네 사람들은 무언가 새로운 사실을 찾아 나섰다. 바로 그런 때에 바울이 찾아온 것이다. 이것이야말로 지금까지 없었던 새롭고 흥미로운 일이 아닐 수 없었다. 아테네 사람들은 호기심과 흥미를 가지고 그의 주위를 메웠다. 그들은 바울을 아레오바코스로 데려가서 이렇게 물었다.

"자네가 부르짖고 있는 새로운 가르침이 어떤 것인지 알려주지 않으려나. 자네가 진기한 것을 우리에게 들려주려는 모양인데 그게 어떤 것인지 몹시 궁금하네!"

다시 말하면, 아테네인들이 바울에게 연설을 해주도록 유도한 것이다.

이에 바울은 쾌히 승낙했다. 왜냐하면 실지 그가 온 까닭이 그 때문이었으니까. 아마도 바울은 돌 위에 서서 뛰어난 연사들이 이야기를 시작했을 때처럼 약간 홍기를 띠고 손바닥의 땀을 닦으며 헛기침을 했을 것이다. 그렇지만 아테네 사람들이 사용한 그 말들이 바울의 마음에는 몹시 거슬렸다. '새로운 가르침……, 진기한 일.' 그 말에는 독이 들어 있었다. 그런 생각은 없애야 한다. 새롭고 진기한 말은 기존에 있던 말과 충돌하기 마련이다. 그런 말은 의견의 대립과 충돌을 북돋워주는 토양에 불과한 것이다. 바울은 그의 신앙을 진기하고 이국적인 것으로 피력하고 싶지는 않았다.

그는 아테네 사람들이 이미 믿고 있는 것에 연관을 시켜 좀 더 친근한 것을 불어넣어 주고 싶었을 뿐이다. 그렇게 하면 이교라는 인상을 다소나마 멀리 할 수 있었으니까. 그러나 그렇게 하려면 어떻게 해야 할까? 그는 골똘히 생각하던 중 마침내 멋진 생각이 떠올랐다.

이리하여, 바울은 저 불멸의 연설을 시작했다.

"아테네 사람들이여, 당신들은 모든 면에 있어서 매우 미신적이라고 나는 보고 있소이다."

어떤 이는 이 말을 '종교심에 넘쳐 있다'라고 번역한 사람도 있는데 그것은 매우 심오하고 또한 적절하며 그들의 급소를 찌르고 있다고 생각한다.

바울이 말한 '미신적'이라는 말은 오늘날 우리 기준으로는 이상하지만 당시 아테네인의 기준으로는 일종의 칭찬에 가까웠다. 아테네 사람들은 그동안 많은 신을 섬겨왔는데, 그들은 종교심이 매우 풍부했을 뿐만 아니라 그것을 또한 그들은 자랑스럽게까지 생각하고 있었다. 바울은 바로 그러한 점을 칭찬하여 그들을 기쁘게 했던 것이다.

아테네 사람들은 그를 따스한 눈으로 바라보기 시작했다. 효과적인 화술의 법칙은 실례로 논지를 뒷받침한다는 것이 그 한 가지이다. 성 바울이 바로 그것을 했던 것이다.

"실제로, 내가 길을 다니며 여러분이 섬기는 여러 가지를 살피는 동안에 '알지 못하는 신에게'라고 새겨진 제단도 있는 것을 나는 알게 되었소이다."

그것은 아테네 사람들이 종교심이 무척 두텁다는 것을 의미하는 말이다. 여러 신 중 어느 한 신이라도 업신여겨서는 안 된다고 생각한 나머지 그들은 알지 못하는 신에게도 제단을 마련해 준 것이었다. 성 바울은 그러한 특수한 제단을 말함에 있어서, 그들의 마음을 얻기 위한 수단으로 쓴 것이 아님을 밝혔다. 즉, 그것은 관찰에서 유래한 진실의 의식임을 나타내 보인 것이다.

그로부터 이 모두의 말은 그 완성된 정당성을 증명한다.

"그러기에 여러분이 알지 못하면서 섬기는 그것을 이제 알려드리겠습니다."

그 뒤 바울이 '새로운 가르침……, 진기한 것'의 이야기를 꺼냈을까? 천만에! 성 바울은 아테네 사람들이 그것을 의지하지 못하고 이미 숭배하고 있는 어느 신에 대해서 다소의 진실을 이야기하러 온 것이라고 이야기했다. 상대방이 전혀 믿지 않는 것을 이미 받아들인 열광적인 그 무엇인가에 비교한다는 것, 성 바울이 사용한 비상한 기교가 바로 그것이었던 것이다.

그는 또 그리스 시인의 시구를 몇 가지 이용하여 구제와 부활의 교의를 설교하여 성공을 거뒀다. 듣지 않는 이 중에서 비웃는 사람도 있었으나 이렇게 말하는 사람도 있었다.

"이 문제에 대해 다시 한 번 듣기로 하세."

남의 마음을 정복하거나 감명을 주는 것을 목적으로 이야기할 때에 고려할 것은 듣는 이의 마음속에 말하는 이의 생각을 심어 넣고 그것에 반대, 적대되는 생각이 싹트지 못하도록 하는 것이다. 이를 터득하여 익숙한 사람은 힘 있게 이야기하며 남에게 영향을 줄 수 있다.

살아가다 보면 당신은 어떠한 문제든 서로 의견을 달리하는 사람과 만나게 될 것이다. 그때 이러한 화법을 사용한다면 당신은 어떠한 사람과도 원만하게 대화를 나눌 수 있을 것이다. 가정에서도, 직장에서도, 모든 종류의 사교적인 관계 속에서도 당신은 남들이 당신의 생각에 찬동하게끔 노력하고 있지 않을까? 당신이 현재 행하는 방법을 개선할 필요는 없을까?

어떻게 이야기의 서두를 시작하는지? 링컨이나 맥밀란과 같은 임기응변의 재주를 발휘해서인가?

만일 그것이 가능하다면 당신은 뛰어난 외교적 재능과 드물게 보는 사려분별을 타고난 행복한 사람이다.

02

청중을 움직이는 말

이야기의 목적이란 어떤 것일까? 그것은 스피치하는 사람이 의식하고 있든 없든 상관없이 모든 스피치는 다음 네 가지 목적 중의 어느 하나를 반드시 가지고 있다.

- 정보나 지식을 제공한다.
- 흥미와 즐거움을 준다.
- 행동을 일으키게끔 설득한다.
- 감명을 주고, 올바른 마음가짐을 갖게 한다.

이에 관하여 에이브러햄 링컨이 어느 날 행한 대화 중에서 더듬거리면서 설명한 적이 있었다.

일찍이 링컨이 좌초한 배를 장애물에서 끄집어 올리는 장치를 발명해서 특허를 얻은 일이 있다는 사실을 알고 있는 사람은 드물 것이다. 그는 자신의 사무소 옆에 있는 기계공장에서 손수 그 장치의 모형을 만들었다. 그때 친구가 사무실로 그 모형을 보러오자 그는 귀찮아하지 않고 정중하게 설명을 해주었는데 링컨이 한 설명의 첫째 목적은 '지식이나 정보를 제공하는 것'이었다.

그리고 그가 전후 두 차례의 대통령 취임연설을 했을 때, 게티스버그에서 저 불멸의 연설을 했을 때, 또한 헨리 클레이의 서거에 대

해서 추도사를 했을 때, 이러한 대부분의 경우 링컨의 주요 목적은 '감명을 주고 마음가짐을 올바르게 갖게 하는 것'이었다.

변호사로서 배심원들을 상대로 이야기할 때의 링컨의 목적은 유리한 판결을 얻어내는 것이었다. 그리고 정치적인 연설의 경우는 표를 획득하는 것이 목적이었다. 다시 말하자면 청중에게 '행동을 일으키게끔 설득하는 것'을 노렸던 것이다.

링컨은 대통령에 선출되기 2년 전, 발명에 관해서 강연을 하고 다닌 적이 있었다. 그때 그의 목적은 사람들을 '즐겁게 하는 것'이었는데 그것이 썩 잘 되지는 않았다. 실제로 통속적인 이야기를 하는 강사로서의 링컨은 완전히 실패작이었다. 하지만 다른 스피치에서는 주목할 만한 성공을 거둬 지금도 감동적인 연설의 고전으로 알려지고 있다. 그것은 그러한 스피치의 경우, 링컨은 자기의 목적을 고려하여 그것을 달성하는 방법을 잘 알고 있었기 때문이었다.

생생한 경험담을 실례로 삼아라

어쩌면 이것이 당신에게 필요한 화법의 거의 전부일지도 모른다. 그것은 이야기 속에 과거 당신에게 교훈을 주었던 경험을 섞어 풀어놓는 방법이다.

우리가 배우는 방법에는 두 가지가 있다고 심리학자는 말한다. 하나는 '반복의 법칙'이다. 비슷한 사건의 연속은 우리들 행동의 양식을 변화시킨다. 그리고 또 하나는 '효과적인 법칙'이다. 너무 단일사건의 인상이 큰 경우에는 그것만으로도 우리 행동에 변화를 일으키게 한다. 누구라도 이 같은 경험을 맛보았을 것이다. 이러한 경험은 기억의 바깥 부분에 가까이 있기 때문에 그렇게 노력하지 않아도 쉽게 생각이 떠오른다. 그리고 이 같은 경험에 의해서 우리들의 행동은 크게 좌우된다.

이 같은 사건을 똑똑히 보게끔 하는 것으로써 그것을 다른 사람들의 행동에 영향을 주는 기초로 삼을 수가 있다. 이렇게 말할 수 있는 것은 사람은 실제적으로 일어났던 일에 대해서는 그 감정을 표현하는 것이 일쑤이기 때문이다. 그렇기 때문에 당신 말이 '실례'의 면에서 당신에게 처음으로 미친 것과 같은 효과를 청중에게도 그 영향이 미치게끔 당신의 경험을 재생시켜야 한다. 그래서 당신에게는 청중이 당신의 경험에 흥미를 느끼고 거기에 감동되지 않으면 못 견디게끔 인상이 선명하고 강렬하며 드라마틱한 것으로 경험을 선택할 의무가 생기는 것이다.

당신 말의 '실례' 단계를 선명하고, 강렬하고, 의미심장한 것으로 만드는 데 도움이 되는 힌트 몇 가지를 들고자 한다.

◆ 기초가 되는 경험담을 하나만으로 제한하라

될 수 있는 한 묘사를 주로 하는 실례는 그것이 인생에 극적인 충동을 안겨주었던 유일무이한 우발적인 일에 부닥쳤을 경우에 한층 효과적이다. 그러한 일은 따지고 보면 일생 중 불과 몇 초 사이에 일어난 일인지도 모르지만 그 짧은 시간에 당신은 잊을 수 없는 교훈을 배웠을 것이다. 마찬가지로 그 짧은 시간을 이야기하면서 당신은 효과적으로 청중을 끌어당길 수 있을 것이다.

얼마 전 교육수강생 한 분이 전복한 보트에서 강기슭을 향해 헤엄치려고 했을 때의 무서운 경험에 관해서 이야기한 적이 있었다. 그 덕택에 듣고 있었던 사람들은 모두가 한 가지 사실을 분명히 배웠다.

그것은 만일 그와 똑같은 재난을 당한다면 그 사람의 충고에 따라 구조대가 올 때까지 전복된 보트에서 떠나지 않아야 한다는 사실이다.

또 다른 한 사람은 극약이 든 병에는 전부 상표를 붙여 아이들의 손이 닿지 않는 곳에 두게끔 주의를 하는 말을 던졌다. 그것도 아이가 한 손에 극약이 든 병을 쥐고 목욕탕에 넘어져 있는 것을 발견했을 때 미칠 것 같은 한 어머니의 경험담에 자극을 받아 그렇게 한 것이다.

잊을 수 없는 교훈을 당신에게 가르친 경험을 얘기하는 것이 다른 사람으로 하여금 행동하게 하는 설득력 있는 말의 제1조건이다. 이러한 사건을 인용하면 반드시 청중을 움직일 수가 있다. 당신의 신상에 일어난 사건이라면 그것은 자기들에게 일어날 가능성이 있는 것이며 만일 그렇다고 한다면 당신의 충고에 따르는 편이 현명하다고 듣는 사람들은 생각하게 된다.

◆ 구체적인 묘사로서 이야기하라

우선 '실례'를 인용해서 이야기를 시작하는 까닭은 청중의 주의력을 즉시에 붙잡기 위해서다. 첫마디로 주의력을 끌지 못하는 연설자들이 있는데 그것은 서두의 말이 청중에게 아무런 흥미도 없는 반복적인 문구나 구절이나 단편적인 변명을 하기 때문이다.

"나는 대중 앞에서 스피치하는 훈련이 되어 있지 않아서……." 등으로 시작하는 것은 청중의 기분을 더욱 상하게 하며, 그렇지 않더라도 평범한 말로써 시작해서는 주의를 끄는 힘이 약하다.

이야기를 꺼내며 주제를 선택하는 데까지의 과정을 쓸데없이 말하거나, 준비를 못했다는 것을 청중에게 고백하거나, 화제나 논점을 마치 설교하는 것 같은 것은 그 어느 것이나, 다 행동을 불러일으키는 짧은 연설을 할 때에는 피해야만 하는 방법 중의 하나이다.

만약 적절한 첫마디를 생각해내기 힘들다면 일반 대중을 상대로 하는 월간 잡지나 신문사로부터 자료를 구하거나 힌트를 얻어라. 그리고 힌트를 얻었다면 즉시 실례를 들어 이야기를 시작하라. 그러면 청중의 주의를 끌 수가 있다.

"한 해가 시작되는 정월이었습니다. 문득 눈을 떠보니 병원의 침대에 나는 누워 있었습니다."

"어제 아침 식탁에 앉았을 때, 내 아내가 커피를 끓이고 있었는데……."

"작년 칠월, 나는 42번 국도를 빠른 속도로 운전하고 있었습니다."

"사무실 문이 열리고 직장의 총책임자 채리 번즈가 뛰어들어 왔습니다."

"나는 호수 한 가운데서 고기를 잡고 있다가 문득 고개를 들어보니 보트 한 대가 나를 향해서 사정없이 달려오는 것이 보였습니다."

이야기를 전개하는 방식도 육하원칙, 즉 '누가, 언제, 어디서, 무엇을, 어떻게, 왜' 중의 하나로 대답하는식으로 연설을 시작한다면 당신은 주의력을 끌기 위한 가장 오랜 의사 전달 수단, 즉 이야기의 수단을 사용하고 있는 셈이 된다. 육하원칙은 검증된 수단이다. 그리고 '옛날, 아주 먼 옛날에……' 같은 서두는 어린아이 상상력의 문을 여는 주문이다.

이러한 방법으로 인간의 관심을 불러일으키는 방법을 알아두면 첫마디로 청중의 마음을 붙잡을 수가 있을 것이다.

◆ 적절한 실례에는 세부묘사를 삽입하라

세부묘사라는 것은 이야기의 양념과도 같다. 그 자체로는 그리 큰 매력을 느낄 수 없지만 이야기의 속에 양념처럼 조금 섞여들 때 이야기 전체에 큰 향미를 더해주는 것이 세부묘사다. 그러니 세부묘사가 지나치게 많이 든 이야기는 마치 양념을 지나치게 넣은 음식만큼이나 청중을 난감하게 만든다. 가구나 그릇이 지저분한 방, 매력이 없고 필연성이 없는 세부를 지저분하게 그린 그림은 보기에 좋지 않다. 너무나 많은 세부, 그러니까 중요하지 않은 세부 사항을 나열하는 것은 회화나 스피치를 권태스러운 인내심을 테스트하는 결과를 초래할 뿐이다. 그러므로 이야기할 때에는 주된 요점이나 이유를 강조하는 도움이 될 만한 세부만을 선택해야 한다.

장거리 여행을 갈 때, 차를 정비해야 한다는 생각을 청중에게 알아듣게 말하고 싶을 때는, 여행을 떠나기 전에 차를 점검하지 않아서 일어난 사고와 관계되는 것이면 좋다. 풍경이 어떻다든가 목적지에 닿고 나서 어디에 머물렀다든지 하는 것을 이야기하면 연설의 요점은 흐려지고 주의력을 분산시키며 아무런 쓸모가 없는 연설이 되고 만다.

세부적인 표현을 쓸 때는 구체적이고 생생한 말로 사건을 일어난 대로 재현하고 청중으로 하여금 눈에 선하게 느끼게 하는 가장 좋은 방법이다. 주의를 하지 않았기 때문에 사고를 일으킨 일이 있었다는 것만으로는 너무 단순하다. 감각에 호소하는 말을 써서 당신이 경험했던 무서웠던 일들을 말하면 청중은 반드시 그 사건을 동판화처럼 마음에 새겨 둘 것이다.

겨울 길을 조심해야 한다는 '실례'를 하나 더 살펴보자.

크리스마스를 며칠 앞둔 날, 나는 41번 국도 북쪽을 향해 차를 몰고 있었습니다. 차에는 아내와 두 아이도 함께 타고 있었습니다. 우리들은 몇 시간인지 얼음 위를 기듯이 나아가고 있었는데, 핸들을 조금만 움직여도 내 차는 기분 나쁠 정도로 옆으로 미끄러졌습니다. 추월을 하거나 행렬을 흩뜨리려는 차는 없었습니다. 시간은 마치 기는 것같이 느리게 느껴졌습니다. 갑자기 얼음이 녹아버린 넓은 도로로 나왔습니다. 그래서 나는 빼앗긴 시간을 되찾으려고 속력을 냈습니다. 누구나 다 빨리 먼저 가려고 서두는 것 같았습니다. 위험의 긴장감이 풀리고 뒷좌석에 앉아 있던 아이들도 노래를 부르기 시작했습니다.

도로는 갑자기 비탈길이 되어 삼림지대로 들어섰습니다. 그 비탈길의 꼭대기에 다 올라갔을 때 차는 아직 스피드를 낸 채였습니다. 그 앞이 보였을 때는 이미 시간이 늦어버렸습니다. 그 너머 북쪽 길에는 햇볕을 받지 못해서 얼음이 얼어 있었던 것입니다. 앞을 달리고 있던 두 대의 차가 미끄러져 산등성이에 처박히는 것이 한 순간 눈에 들어왔습니다. 내 차도 미끄러지기 시작하여 완전히 균형을 잃었습니다. 그러나 다행히도 우리들의 차는 가까스로 전복되지 않았지만 눈구덩이 속에 틀어박히고 말았습니다.

이런 실례의 경우 '사건의 세부묘사'를 많이 집어넣었기 때문에 청중은 마치 자신도 그 장소에 있었던 것 같은 기분이 들 정도이다.

당신이 강연 시 신경 써야 할 부분은 당신이 본 것을 청중들도 보게 하고, 들은 것을 듣게 하고, 느낀 것을 느끼게 할 일이다. 이러한 효과를 내려면 연설 내용에 구체적인 세부사항을 풍부하게 집어넣으면 된다. 앞에서 지적한 바와 같이 연설 준비에 주어진 작업은 '6하원칙'이라는 질문에 대한 대답을 재편성한 작업에 불과하다.

◆ 말하고 있는 경험을 극화하라

생생했던 사건의 세부묘사를 이용하는 데 있어서, 말하는 사람은 자신이 말하고 있는 경험을 재 체험하여야 한다. 거기서 비로소 말한다는 것은 마치 자매라고 할 관계에 있는 행동으로 접근하는 일이다.

위대한 연설자는 연극적인 감각을 가지고 있지만, 그것은 유별나게 특별한 재능도 아니며 웅변가에게만 나타나는 것도 아니다. 모든 아이는 이러한 재능을 풍부하게 가지고 있다.

우리들 주위에도 타이밍Timing이나 표정, 흉내, 팬터마임Pantomime 등의 감각에 뛰어난 사람들이 많이 있다. 그것들은 사물을 극화하는 귀중한 재능의 일부인 것이다. 우리들은 거의 누구든지 이러한 재능

을 조금은 가지고 있다. 그러므로 노력을 조금만 더 한다면 이러한 재능을 늘일 수가 있는 것이다.

액션과 흥분을 정신의 경험담에 집어넣으면 넣을수록 청중들에게 주는 인상은 보다 강해질 것이다. 풍부한 세부묘사가 삽입되어 있어도 연설자가 열을 올려 재현하는 것이 아니면 먹히지 않을 수 있다.

불난 것을 이야기하려면 소방대원이 불과 싸우고 있을 때에 보고 있는 사람들을 꿰뚫을 격렬한 흥분을 전해야 하는 것이며, 이웃사람과 싸웠을 때의 일을 이야기하려면 그때의 경험을 한 번 더 극화해야 할 일이며, 물에 빠져 절망적이던 일을 이야기하려면 어떻게 해서라도 그 무서운 절망감을 청중에게 느끼도록 해야 할 것이다.

실례를 드는 목적의 하나는 당신의 이야기를 잊을 수 없도록 하는 것이기 때문이다. 그 실례가 마음에 달라붙어 떠나지 않는 한 청중은 당신의 이야기와 당신의 충고를 잊지 않을 것이다. 『신약성서』에는 윤리의 모범이 되는 여러 가지 행위가, 인간의 마음에 호소하는 실례가 되어 풍부하게 삽입되어 있다.

가령, '착한 사마리아인'의 이야기가 좋은 예이다. 경험담을 실례로 사용하는 것은 이야기를 기억하기 쉽게 할 뿐만 아니라, 보다 재미있고 이해하기 쉬운 것으로 만든다. 당신에게 인생이 가르친 교훈의 체험담은 청중에게 신선하게 받아들여질 것이다. 어떤 의미에서 청중은 이미 당신이 하고 싶다고 생각하는 것에 반응하게끔 예정되어 있다.

확고한 신념으로 요점을 말하라

정말로 이행해 주었으면 하고 바라는 것을 청중에게 알리기 위해서는 엄밀히 정확히 말하지 않으면 안 된다. 청중들은 명확하게 이해할 수 있는 일 외에는 이해해주지 않는다.

당신은 이렇게 했으면 좋겠다고 청중에게 바랄 것과 거기에 따라서 얻어지는 이익을 청중 마음에 말 그대로 '주입'시키지 않으면 안 된다. 자잘한 서술 따위는 그다지 필요 없다. 솔직하게 주장한 바를 말할 때가 온 것이다.

이것은 신문 테크닉과는 정반대이다. 제목을 처음에 놓는 것보다 우선 스토리를 알리고 나서 '요점', 즉 행동에 대한 호소를 제목으로 삼아야 한다.

이 단계는 세 가지 법칙에 의해서 지배된다.

◆ 요점은 간략하게, 그리고 구체적으로 말하라

당신의 실례에 의해 행동하려고 청중이 마음먹고 있는 지금 청중에게 자기가 해줬으면 싶은 것을 정확하게 말해서 어떠한 것인가를 자문하는 것이 중요하다.

문구를 짤 때에는 말의 수를 줄여 될 수 있는 대로 간단하고 요령 있는 표현으로 써보는 것도 하나의 방법이다. "우리 지방의 고아원에서 괴로워하고 있는 환자들에게 구원의 손길을!"과 같은 방법으로 이야기해서는 안 된다. 이것으로는 너무나도 개념적이다. "이번 일요일에 25명의 아이들을 피크닉에 데리고 가기 위해서 오늘밤 이 참가서에 서명하여 주세요!"라는 식으로 이야기해야 한다. 흐리멍덩한 행동이 아니고 눈에 보이는 것 같은 분명한 행동을 요구하는 것이 중요하다.

가령, "때로는 할아버지 할머니의 일도 생각하여 주세요!"라는 정도로는 너무 개념적이라 행동할 기분이 내키지 않을 것이다. 그것보다는 이런 방법으로 이야기하는 것이 좋다. "이번 주일에 당신의 할아버지 할머니 댁을 방문하겠다고 약속해 주세요!"라고 하거나, 또 "나라를 사랑합시다!" 하는 식의 이야기 투는 그만두고 "다음 화요일에 꼭 투표하여 주세요!"라고 말할 일이다.

◆ 청중이 행동하기 쉽도록 해주어라

어떤 종류의 문제라도 '논쟁에 관계되든 안 되든' 그 요령이나 행동에의 요구를 이해하기 쉽고 행동하기 쉽도록 청중에게 표현하는 것이 연설자의 의무다. 그러기 위해서는 이야기를 구체적으로 하는 것도 하나의 방법이다. 사람의 이름을 외우는 능력을 증진시키고 싶다면 "자, 지금부터 이름의 기억력을 증진시킵니다."라고 말하는 따위는 삼가야 한다. 그것으로는 개념적이어서 실행이 곤란하다. 다음과 같이 말하면 좋겠다.

"다음부터 사람을 만나면 5분 이내에 그 사람의 이름을 다섯 번 되풀이하여 보십시오."

일반론에 기대는 연설자보다는 요점을 구체적으로 제시하는 연설자가 청중을 움직이는 데 성공할 가능성이 크다.

"이 방에 준비되어 있는 방문카드에 서명과 위로의 짧은 글을 써 주십시오."라고 하는 것이 병원에 입원해 있는 친구들에게 편지를 보내라고 재촉하는 것보다 훨씬 효과가 있다. 요점을 긍정적으로 이야기하든가 '(……하라)고 말하는 방식', 그렇지 않으면 부정적으로 '(……하지 말라)고 말하는 방식'은 청중의 입장에서 보는 것으로써 결정해야 할 일이다.

부정적으로 이야기한다고 해서 효과를 적게 한다고만 할 수 없다. 그것이 피해야 할 태도를 묘하게 요약하고 있는 경우에는 긍정적으로 이야기한 것보다도 설득력이 있는 법이다.

◆ 요점은 힘차게 확고한 신념을 갖고 말하라

'요점'은 당신의 이야기를 마무리하는 것이기 때문에 확신을 갖고 힘차게 이야기하지 않으면 안 된다. 어떠한 행동에 대한 요구는, 신문에 중요한 기사를 고딕체로 찍어 눈에 띄도록 만드는 것처럼 생생한 어조로 솔직하게 강조해야 한다.

당신은 청중에게 최후의 감동을 주려고 하고 있다. 이때는 당신이 호소하고 있다는 것을 느껴지게 하라. 맥빠지거나 불안함이 있어서는 안 된다. 단숨에, 그리고 확고하게 말해보자.

청중이 기대하고 있는 이유, 또는 이익을 제시하라

여기에서도 또한 요약과 간결이 필요하다. '이유'의 단계 및 '요점'의 단계에서 당신이 원하는 것을 실행하면 어떠한 이익이나 보수를 기대할 수 있는가를 분명하게 밝히는 것이다.

◆ 이유는 반드시 실례에 바탕을 두어라

공개된 연설에 있어서 청중을 유도하는 방법은 여러 가지로 서술되어 있다. 그것은 커다란 넓이를 갖는 주제임과 동시에 사람을 행동하게끔 설득하는 일에 관계하는 사람에게는 퍽 유익한 것이다. 여기서는 청중들이 주의력을 집중하는 '행동을 일으키게끔 하는 짧은 연설'의 경우, '이유'의 단계에서는 그 행동에 의해서 도움이 되는 이점利點을 한 구절 한 구절의 짧은 이야기로 강조해야 한다. 이 경우 가장 중요한 것은 이점을 '실례'의 단계에서 보여준 이점에 합하는 것이다.

중고차를 구입함으로써 절약을 할 수 있었다는 경험을 청중에게 이야기하여 중고차를 사도록 권하는 경우에는, '이유'의 단계에서 청중도 중고차를 사면 경제적인 이익을 누릴 수가 있다는 것을 강조하지 않으면 안 된다. 그 '이유'로서 중고차 중에는 최신형의 차보다 스타일이 좋은 것이 있다는 것 등을 이야기해서 처음에 든 '실례'에서 벗어나지 말아야 한다.

◆ 한 가지, 단 하나의 이유를 강조하라

세일즈맨은 대부분, '당신은 왜 그 물건을 사야 하는가?' 하는 이유를 다섯 가지나 여섯 가지를 들게 된다. 이와 같이 당신도 '요점'을 제시하는 이유를 몇 가지 들 수가 있을 것이며, 어느 것이나 당신이 사용한 '실례'에 관련이 있을지도 모른다. 그러나 특별한 이유나 이익을 하나만 골라 거기에 모든 것을 거는 것이 제일 좋다.

청중에 대한 최후의 말은 모든 사람이 즐겨 읽는 잡지의 광고 문안처럼 명쾌한 것이어야 한다. 당신의 연설 '요점'과 '이유'를 다루는 솜씨를 향상시킬 수 있는 방법의 하나는 많은 재능이 소모되어 있는 광고문을 연구하는 것이다. 이러한 광고는 일시에 하나의 제품이나 하나의 아이디어만을 팔려고 하지 않는다. 발행 부수가 많은 잡지에서는 왜 사야만 하는가의 이유를 두 가지 이상 들고 있는 광고는 거의 없다. 동일한 회사가 어떤 상품에 관해 그것을 사야만 할 동기라도 될 이점을 말할 때, 어떤 물체와 또 다른 광고 매체, 이를테면 텔레비전과 신문에 의해 나누어 사용하는 사실은 있었지만 그것이 청각적인 것이든 시각적인 것이든 하나의 광고 안에서 또 다르게 말하는 것 같은 일은 좀처럼 보기 어렵다.

텔레비전이나 신문·잡지에 보이는 광고를 연구하고, 그 내용을 분석하여 보면 '마법의 공식'이 소비자를 설득시켜 상품을 사도록 하는 데 얼마만큼 많이 사용되고 있는가에 놀라지 않을 수 없다. 그리하여 그것이 광고나 커머셜Commercial 전체를 하나의 짐으로 정리해서 묶는 '관계'의 끈인 것을 알게 될 것이다.

'실례'를 올리는 데는 이 외에도 방법이 많다. 가령 전시물을 사용하거나, 실연하거나, 권위자의 말을 비교하거나, 인용하거나, 통계를 이용하거나 하는 것이다. 이러한 것에 관해서는 사람을 설득시키기 위한 더 긴 말을 다룬 다음 장에서 보다 더 상세하게 설명하겠다.

03

지식과 정보를 제공하는 대화를 하라

여러분은 앞에서 청중의 행동을 유발시키는 짧은 연설을 하기 위한 공식을 배운 바 있다. 이번에는 청중에게 무엇인가를 주입시키려 할 때 자기의 소신을 명확하게 하는 데 도움이 되는 방법을 기술하기로 하겠다.

우리들은 매일 수없이 지식, 정보를 전하는 이야기를 하고 있다. 지도나 보고를 하고, 지시를 하고, 설명을 하는 등등이 그것이다. 매주 가는 곳마다 청중을 향하여 연설하는 가운데, 가르치고 알리는 것을 목적으로 하는 이야기는 얼마나 될까. 그것은 상대방을 설득하여 행동하게 하기를 목적으로 하는 스피치에 이어 빈도수로 쳐서 둘째를 차지하고 있다. 분명하고도 명료하게 이야기하는 능력은, 사람들을 감동시켜 행동을 하게 하는 능력보다도 대부분 선행하는 것이다.

루드비히 위트겐쉬타인은 다음과 같이 말했다.

"머리에 떠올릴 수 있는 일이라면 우리는 그 모두를 명확하게 사고할 수가 있습니다. 이와 똑같이 우리는 말로 할 수 있는 일이라면, 그 모두를 명확하고도 분명한 말로 나타낼 수가 있을 것입니다."

가장 중요한 테마를 붙들고 이야기하라

윌리엄 제임스 교수는 교사들을 상대로 하는 강의를 하다가 쉬는 시간을 이용해서 다음과 같이 말했다.

"한 번의 강의에서 논점을 하나밖에는 밝힐 수 없는 법입니다."

그가 말하는 한 번의 강의는 한 시간 정도 걸리는 강의를 말한다. 그런데 3분간으로 할당받아 스톱워치Stopwatch로 시간을 측정 받게끔 된 어느 화자는 이 짧은 시간 내에 11가지 요점에 관해서 청중의 주의를 촉구할 생각이라고 말했다. 정말 그렇다면 각 논점의 시간은 고작 16.5초밖에는 해당될 수 없지 않은가. 적어도 교양이 있는 사람이면 이렇게 어리석은 짓을 하리라고는 믿어지지 않을 일이다. 하기야 이것은 극단적인 예일지 모른다. 그러나 이 정도는 아니라도 비슷한 과오를 저지르는 경향이 화법을 처음 배우는 초심자들에게 해를 끼치게 된다. 이것은 파리를 하루 동안에 안내하는 취트Cheat의 안내서와도 같은 것이다. 물론 해서 안 될 것은 없지만 말이다.

미국의 자연 박물관을 반시간 동안 돌아보려 한다고 해서 돌아보지 못할 것은 없지만 그렇게 돌아보고 나면 머릿속에 그 무엇 하나 남을 리가 있겠는가. 뚜렷한 인상을 즐길 수도 없을 것이 아니겠는가.

스피치에 실패하는 이유는 연설자가 배정 시간에 얼마나 많은 주제를 다룰 수 있느냐 하는 세계 신기록을 수립하려고 스트라이브Strive하기 때문이다. 이것은 마치 영양이 바위를 잽싸게 뛰어넘

나들 듯이, 한 점에서 다른 점으로 자꾸 이야기가 비약하기 때문인 것이다.

예를 들면, 노동조합에 대해서 이야기하게 되었다고 한다면, 이 경우 겨우 3분이나 6분 동안에 노동조합의 기원이나 약력, 또는 공적, 나가서는 노동쟁의를 어떻게 해결할 것인가까지 말하려고는 하지 말아야 한다.

이같이 연설을 한다면 당신의 말을 똑똑히 이해하는 사람은 한 사람도 없을 것이다. 그것은 부질없이 혼잡스럽고 애매하며 대강 스치고 넘어가는 윤곽만의 이야기에 그치고 말 것이기 때문이다.

노동조합의 한 면만을 끄집어내어 이것만 적절히 커버하여 예증하는 편이 현명하지 않겠는가? 사실이 그렇다. 이 같은 종류의 이야기라면 듣는 사람으로 하여금 정돈된 인상을 줄 것이며 그것은 명쾌하고 알아듣기 쉽고 기억하기 쉬울 것이다.

가장 중요한 테마를 붙들고 이야기하라. 자기 자신을 명확하게 할 수 있을 때 청중은 언제나 다음과 같이 말할 것이다.

"나는 저 사람을 이해할 수 있어. 지금 어떤 처지인지도 알고 있지!"

생각을 순서 있게 정리하라

주제의 대부분은 공간이나 시간이나 특수한 화제에 입각한 논리적인 순서를 써서 발전시킬 수 있다. 예를 들어, 시간적 순서에 의한다면 주제를 과거 · 현재 · 미래의 범주 아래서 생각할 수 있고 어느 날부터 시작해서 그 전으로 거슬러 올라갈 수도 있을 테고, 앞으로 나갈 수도 있을 것이다.

어느 제조공정에 관한 이야기라면 재료의 단계로부터 시작하여 가공의 공정을 거쳐 완성품에까지 이르게 할 수도 있을 것이다. 당신이 가진 시간의 장단에 어느 만큼 상세히 진술할 수 있는가가 달려 있다.

공간의 상관관계에 있어서는 어디라도 중심점을 정하고 그것을 기준으로 하여 정돈하여야 한다. 그 중심점에서부터 동서남북이라는 방위를 따르든지 밖으로 나가든지 해서 화제를 커버할 수도 있을 것이다.

서울시를 묘사한다면 청중을 국회의사당 옥상으로 안내하여 각 방향에 있는 흥미거리 건물이나 지형지물을 지적하며 설명할 수 있고, 제트엔진이나 자동차를 묘사한다면 그것을 분해하여 구성 부품을 설명하는 방법이 가장 좋을 것이다.

요점에 번호를 붙여 나열하라

당신의 이야기를 청중의 마음속에 질서정연하게 넣는 가장 간단한 방법은, 처음 요점에서 다음의 요점으로 옮겨갈 때 그 요점을 분명히 말할 것이다.

"첫 번째 요점은 이렇습니다."

이렇게 명확한 표현으로 꼬집어 말해도 좋다. “한 가지 요점에 관해서 언급했으며, 두 번째 요점으로 넘어가겠습니다.”라고 솔직하게 말해도 좋으며, 끝까지 이러한 방식으로 밀고 나갈 수도 있다.

랄프 J 번터 박사가 유엔의 사무총장 보좌역으로 재임 당시에, 그가 주최한 뉴욕의 맨체스터 클럽에서 다음과 같이 솔직한 말로 시작한 적이 있었다.

“오늘 밤, 저는 두 가지 이유에서 ‘인간관계의 과제’라고 하는 주제에 관해서 말씀드리려고 합니다.”

그는 이야기 전체를 통해서 요점을 하나하나 들어가며, “우리들은 선을 지향하는 인간의 잠재력에 관한 믿음을 없애서는 결코 안 됩니다.”라는 결론으로 이끌어가려는 취지를 숨김없이 청중에게 알리게끔 주의를 기울이고 있었다.

경제학자인 폴 H. 더글러스가 상업 진흥에 대한 수단을 강구하려고, 상 · 하원 합동위원회에서 연설할 때의 일이다. 그는 그 자리에서 같은 방법의 변형을 사용하여 보기 좋게 효과를 거둔 바 있다. 당시 미국의 상업계는 불경기였는데, 그날의 연설에서 그는 세금에 대한 전문가로서, 또는 일리노이주의 상원 의원 자격으로서 다음과 같이 말문을 열었다.

“저의 논점은 이러합니다. 가장 효과적이고 빠른 진흥책은 서민과 중류층의 소득계급, 즉 거의 태반의 수입을 소비하는 경향이 있는 계층에 관해서 세금을 감해주는 대책을 실시하는 것입니다. 특히…….”

그는 이렇게 계속했다. “더구나…….”, “덧붙여서…….” 그는 또 계속 이어갔다.

“여기에는 세 가지 중요한 까닭이 있습니다. …… 첫 번째는 …… 두 번째는 …… 세 번째는 …….”

“요약하건대, 구매력을 증가하기 위해서 우리나라에 필요한 것은 하층 및 중산층의 소득 계급에 대한 감세책을 실시하자는 것입니다.”

전달하고자 하는 것을 잘 알려진 것에 비유하라

우리는 때로 난처한 입장에 부딪치곤 한다. 말하고자 하는 것을 설명해야 하겠는데 이야기가 입 안에서 맴돌기만 하고 어떻게 할 수가 없는 경우가 있다.

내가 명확하게 알고 있는 것을 청중들도 똑같이 명확하게 알도록 전달하려면 매우 까다로운 해설이 필요할 것이다. 이때에는 당신이 이야기하고자 하는 것을 청중이 잘 알고 있는 것과 비교하여 설명하면 좋다.

“~ 은 ~ 와 같습니다. 즉, 여러분께 전달하고자 하는 것을 여러분이 잘 알고 있는 것과 비교하겠습니다.”라고 설명하는 것이다.

“이제 산업계에 크게 공헌한 화학 현상의 한 가지, 예를 들어 촉매에 대해서 말하기로 하겠습니다. 촉매란 자체는 변하지 않고 다른

물질을 변화시키는 물질입니다."

그야말로 매우 간단한 사항이나 다음과 같이 설명하는 것이 더 알아듣기 쉽지 않겠는가.

"즉, 촉매란 학교 운동장에서 애들을 때리고, 쓰러뜨리고, 화나게 하고 돌아다니지만 본인 자신은 아무런 피해도 입지 않는 것과 같은 것입니다."

선교사들이 적도의 아프리카에 사는 어느 부족의 방언으로 성서를 번역할 때의 일이었다. 그때 그들은 토착민들에게 잘 알려지지 않은 뜻을 알기 쉽도록 번역해야 한다는 곤경에 처했었다. 문자 그대로 번역하면 토착민들에게는 하등의 뜻도 없는 말이 될 것이다.

예를 들면 다음과 같은 문구에 부딪쳤다.

"너희 죄는 피같이 붉되, 이것을 백설같이 희게 정화할지니라!"

이것을 문자 그대로 옮겨도 좋을까? 토착민들은 정글의 이끼와 눈을 구별할 줄 모른다. 하지만 그들은 코코넛 나무에 올라가 나무를 흔들어 열매를 따서 점심밥으로 먹곤 한다. 그리하여 토착민들에게 선교사들은 미지의 것을 그들에게 가장 잘 알려진 것으로써 비유했다.

"너희 죄는 피같이 붉되, 이것을 코코넛의 과육과 같이 희게 정화할지니라."

이보다 더 잘된 번역이 어디 있겠는가!

◆ 사실을 그림으로써 표현하라

지구에서 달까지는 얼마만한 거리일까? 태양까지는? 또 가장 가까운 별까지는? 과학자들은 수학적으로 우주여행의 문제를 생각하기가 일쑤다. 그러나 그들은 이러한 것들이 일반 청중들에게 알기 쉽게 설명하는 적합한 길이 아님을 알고 있다. 그래서 숫자를 그림으로 바꾸는 방법을 취하고 있다.

과학자 제임스 존즈 경은 우주를 개발하려는 인류의 열망에 유달리 흥미를 가지고 있었다. 과학의 전문가인 경우, 우주에 관한 수학에는 통달해 있지만 우주에 대해서 기술한다든지 이야기를 하는 경우에 숫자는 책의 어디에 나열해야 하는 것이 가장 효과적인 것인지 잘 알고 있었다.

그는 그의 저서 『우리를 둘러싼 우주』에서 지적한 바가 있는데, 우리를 둘러싼 떠돌이별과 붙박이별은 너무 가까이에 있기 때문에 우주를 회전하고 있는 다른 별이 얼마나 먼 곳에 있는가를 우리는 깨닫지 못하고 있다고 풀이하고 있다.

'가장 가까운 별도 25조 마일이나 떨어져 있습니다.'라고 쓴 다음, 이 숫자를 더욱 뚜렷하게 하기 위하여 프로시그마 켄타우리별에 도달하려면 매초 18만 6천 마일의 광속으로 간다 해도 4년 3개월이나 걸린다고 설명하고 있다.

얼마 전 고속도로에서 일어난 자동차 사고의 무서운 사망자 수를 다음과 같이 표현해 준 예가 있다.

'당신이 지금 로스앤젤레스에서 뉴욕으로 향하는 대륙을 달리고 있다고 합시다. 그 하이웨이 표지가 길옆에 있지요? 그 표지 대신에 관을 세워 놓았다고 생각하여 보십시오. 그 관 속에는 작년에 죽은 사람의 시체가 하나씩 들어 있습니다. 당신이 타고 있는 자동차가 5초마다 이 음침한 표지 옆을 지나갑니다. 관을 1마일에 12개씩 놓으면 대륙의 끝까지 나란히 놓을 수가 있는 것입니다.'

그 후 나는 자동차를 탈 때마다 반드시 그 무서운 그림을 생생하게 그려보지 않을 수가 없게 되었다.

그 까닭이 무엇일까? 귀에 들어오는 인상은 자작나무의 매끄러운 껍질을 타고 진눈깨비가 미끄러지듯이 스쳐 지나가 버리는 것과 같이 인상에 확실히 남지 않기 때문이다.

◆ 되도록 전문용어는 삼가라

당신이 의사·변호사·기사라든가, 또는 그밖에 고도로 전문화된 직업에 종사하고 있다고 하자. 당신의 직업과 관계가 없는 사람과 이야기를 한다면 당신은 쉬운 말로 자신을 표현하고, 필요하다고 생각하는 사항은 될 수 있으면 상세히 이야기해야 한다.

에누리 없이 말해서 남보다 몇 배의 주의가 필요한 것이다. 왜냐하면 그동안 나는 직업이 직업인만큼 이에 관해서 돌이킬 수 없는 실패를 저질렀다는 실례를 수백 번이나 접해 왔기 때문이다. 자기만이 알아들을 수 있는 용어를 사용해서 이야기하는 사람들은 청중이 이야기하는 사람의 전문 영역에 대해서 완전히 무지하다는 것을 깨닫지 못한 소산일 뿐이다.

그러면 결과는 어떻게 될까? 자기 자신의 경험에만 적합하고, 자기만의 위치에서, 또는 절대적인 의리를 가진 말을 이용해서 그치지 않고 이야기를 넓혀 가고 사상을 전개시켜 나가지만, 그 전문 영역에 전혀 문외한인 청중들에게는 전혀 판별할 수조차도 없는 언어의 나열에 불과한 것이 된다. 이런 이야기에는 호응은 고사하고 흥미조차 끌어당기지 못할 것이다.

언젠가 어느 강연장에서 외과의사 한 분이 이렇게 진술한 적이 있었다.

"횡격막 호흡은 장의 연동운동에 효과가 뛰어나 그야말로 건강을 위한 복음입니다."

그러고는 곧 이야기를 바꾸어 급히 다른 문제로 넘어 가려고 했다. 그때 사회자는 그를 말리며 청중을 향해서 다음과 같이 호소했다.

"횡경막 호흡은 다른 호흡과 어떻게 다릅니까? 이 호흡이 왜 신체의 건강에 좋을까요? 또 연동운동이란 어떤 것인가요? 이것을 알고 있는 사람은 손을 들어보세요."

그 결과를 보고 의사는 매우 놀랐다. 손을 든 사람이 한 사람도 없었던 것이다. 그래서 그는 뒷걸음질을 하며 다음과 같이 설명을 보충해야만 했다.

"횡격막이란, 폐의 하부와 복강의 지붕에 해당하는 가슴의 밑바닥을 형성하는 얇은 근육입니다. 이것이 활동하지 않은 채 흉식호흡을 할 때에는 마치 뒤집어 놓은 대야같이 아래를 향한 활 모양이 됩니다.

복식 호흡을 하여 숨을 들이키면 이 활 모양이 된 근육은 거의 평행하여질 만큼 밀려서 위의 근육이 벨트에 눌려서 대어지는 듯한 느낌을 받지요.

이 횡격막의 운동은 위나 간장 비장, 대장신경총 등 복강의 상부에 있는 기관을 풀어 주고 자극합니다. 숨을 내쉬면 장이나 위가 횡격막 쪽으로 밀어 올려지고, 또한 그로써 풀려지게 됩니다. 이 마사지는 배설작용을 도와줍니다. 건강이 좋지 않을 경우는 대부분이 장에 원인이 있습니다. 그러므로 깊은 횡격막 호흡으로 위장이 적당하게 운동을 하게 되면 변비나 소화불량이나 또는 자가중독은 없어져 버릴 것입니다."

이 문제에 대한 아리스토텔레스의 좋은 충고가 있다.

"현명한 사람과 같이 생각하고, 평범한 사람과 같이 말하라!"

전문용어를 사용해야 할 경우에는 듣는 사람이 누구든지 납득이 갈 수 있도록 쉽게 용어 설명을 덧붙여야 한다. 이것은 기초적인 용어, 즉 당신이 되풀이하여 사용하고 있는 말에도 해당되는 일이다.

투자와 금융의 기본에 대해서 배우고 싶어 하는 의욕이 있는 중년 여성들의 모임에서 어느 주식 중매인이 설명하는 이야기를 들은 일이 있었다.

주식 중매인은 평범하고 쉬운 말로 여성들과 마주 앉아서 대화를 나누는 말투로 청중들의 마음을 풀어놓게 했다. 그의 설명도 매우 명랑하여 더 이상 바랄 것이 없었는데, 다만 그의 직무에 관계되는 기초 용어가 문제였다. 요컨대, 수표 교환소, 특권 있는 취인 상환저당 등이나, 공매라는 등의 말이 그것이다. 이것만 아니었더라면 지극히 매력 있는 이야기가 되었을 터인데 이런 용어가 중년여성들에게는 낯설었다. 그렇다고 해서 이런 기본적인 용어를 쓰지 말라는 것은 아니다. 다만 이런 용어를 썼다면 뒤에 설명을 하라는 것이다. 이를 게을리해서는 안 된다. 사전은 이 때문에 존재하는 것이 아니겠는가.

시각적인 보조 수단을 사용하라

귀를 통해서 뇌로 전달되는 신경보다, 눈을 통해서 뇌로 전달되는 신경이 몇 배나 강력하다. 눈에서 오는 자극이 귀에서 오는 자극보다 25배나 주의력을 집중시킬 수 있다는 사실이 과학적으로 설명되어 있다.

예로부터 전해 오는 "백문이 불여일견이다!"라는 격언이 있다. 그러므로 명쾌한 이야기를 하고 싶거든 요점을 눈에 생생하게 보이도록 묘사하고 생각을 시각화해야 한다. 화자가 자신을 청중에게 이해시키려 하거나 청중의 주의를 끌기 위해서는 말만 가지고 할 것이 아니라 극적인 보충설명이 필요하다.

어느 쪽이 올바르고 어느 쪽이 잘못되어 있느냐는 것을 설명할 경우, 될 수 있는 대로 이 사실을 나타내는 그림이나 사진으로 설명을 보충하는 방법이 현명한 처사이다. 어떤 것을 설명하는데 있어서의 이상적인 형태는 요소요소를 사진이나 그림으로 나타내고, 말은 그것들을 이어주는 방법이다. 도표를 사용할 때에는 이것이 보기 좋은 크기라는 것을 확인한 뒤에 지나치지 않도록 주의해야 한다. 도표를 자주 끌어들이면 사람들이 싫증을 내기 때문이다. 말하면서 도표를 그릴 때는 칠판이나 백지에 빨리 대강, 청중은 위대한 작품을 보려고 하는 것이 아니므로 간단하게 그리는 것이 좋다. 크게, 그리고 대강 말을 계속해야 한다. 그리면서 될 수 있으면 청중을 향해서 그리도록 하라.

전시물을 사용할 때에는 다음과 같이 하면 청중의 주의 집중에 도움이 된다.

- 사용 전에는 전시물을 보이지 말아야 한다.
- 뒷줄에서도 보이게끔 큰 것을 사용하라. 작아서 보기가 힘들면 전시물 효과가 떨어진다.
- 이야기하는 동안 전시물을 회람시켜서는 안 된다. 경쟁 상대자를 만드는 따위의 짓은 할 필요가 없기 때문이다.
- 전시물을 보여줄 때에는 모두가 볼 수 있게끔 높이 올린다.
- 잘 기억하라. 움직이는 전시물은 움직이지 않는 전시물에 비해 열 배의 효력이 나타난다. 실지로 사용할 수 있는 것을 실연해 보여라.
- 이야기를 하는 동안에는 전시물을 오랫동안 보지 말아라. 의사를

통하게 하려는 상대는 전시물이 아니고 청중이다.

- 전시물 설명이 끝나면 되도록 보이지 않는 곳에 치워둔다.
- 전시물이 '수수께끼다운' 것이라면 보를 씌워서 테이블에 올려놓아라. 그리고 전체를 밝혀서는 안 된다. 그래야 보를 벗길 때가 되기까지 청중은 호기심과 서스펜스Suspense와 관심을 가질 것이 아니겠는가.

시각적인 재료는 이야기의 명석성明晳性을 증대하게 하는 수단으로써 더욱더 두드러지게 사용하게끔 되어 있다. 말하고자 하는 것을 청중에게 이해시키려면, 마음에 있는 것을 귀에 들려주며 동시에 눈으로 보게 하는 방법처럼 확실한 것은 없다. 언어를 구사하는 방법에서, 모두 제1인자로 손꼽히는 사람은 남모르는 훈련과 노력을 기울였기 때문이다.

링컨의 말을 빌리자면, 명석한 정열을 지녀야 한다. 링컨은 녹스 대학의 학장이었던 걸리버 박사에게 어떻게 해서 '정열'을 발전시켰던가를 다음과 같이 술회한 바 있다.

"제가 어렸을 때의 추억 한 토막입니다. 나이가 어린 저는 누군가가 저에게 이해할 수 없는 말로 말을 건네어 오면 참을 수 없이 조바심이 나곤 했습니다. 지금까지 저는 이 외의 일 때문에 성을 낸 예는 없다고 생각합니다.

하지만 이런 일은 언제나 내 신경을 건드렸고 지금도 그렇습니다.

이웃 사람들이 아버지와 이야기하는 말을 듣고는 내 침실로 가서 말의 뜻을 조금이나마 알아보려고 적지 않은 시간을 소비한 적이 있습니다. 이 같은 '의미의 탐색'을 하기 시작하다 보면 그들의 말을 몇 번이고 되풀이하여 내 친구들 누구나가 이해할 수 있는 말로 바꿔 놓기 전에는 잠들 수가 없었습니다."

또 우드로 윌슨 대통령도 좋은 충고를 남겨 주었다.

"저의 부친은 지적인 향상심이 완성된 사람이었습니다. 저는 아버지로부터 가장 좋은 훈련을 받은 적이 있었습니다. 부친은 애매한 것에는 참을 줄을 모르셨습니다. 제가 글을 쓰기 시작해서 부친이

여든한 살로 별세하시기까지 저는 제가 쓴 것을 모두 부친에게 보였습니다. 그러면 부친께선 그것을 큰 소리로 읽게 하셨습니다. 그것은 제게 있어서 고통스러운 것이었습니다.

부친께서는 가끔 저를 가로막으시며, '이것은 무슨 뜻이지?' 하고 물으시면 저는 우물쭈물 하다가 대답하곤 했습니다. 물론 그렇게 함으로써 저는 종이에 쓴 것보다도 더 쉽게 자신을 표현할 수가 있었습니다. 부친께선 언제나 저를 훈련하시곤 했습니다."

이야기하려는 것을 공기총으로 쏘아서 '어느 곳이라도 맞으면 좋겠다.'라는 따위의 생각으로는 안 된다. 꼭 이야기해야 하는 것을 단 한방에 쏘아 맞혀야 한다.

04

즉석 스피치로 유연성을 키워라

"미리 준비해 연습을 한 뒤에는 잘 말할 수 있지만, 별안간 얘기해 달라는 요청을 받으면 무엇을 말해야 할지 모르고 당황하게 됩니다."

아마 이렇게 말하는 사람도 많을 것이다. 자기의 생각을 간추려, 즉석에서 이야기하는 능력은 어느 면으로 보면 오랫동안 애써서 준비한 뒤에 말하는 능력보다도 중요하다고 할 수 있다.

직무나 사업상, 또는 일상 생활상 중요하지 않은 일로 구두에 의한 의사전달이 항상 요구되고 있는 오늘날에 있어서는 사고를 재빨리 동원하여 이를 유창한 언어로 표현할 수 있는 능력이 절대로 필요하다.

오늘날 산업이나 정치를 좌우하는 결단은 대부분 한 사람에 의해 내려지는 것이 아니고 회의석상에서 결정되게 마련이다. 물론, 각 개인의 발언은 허용되지만 그 발언은 그룹 의견의 비판 속에서 힘 있게 진술되어야 한다. 즉석에서 말하는 능력이 효과를 발하는 것은 바로 이와 같은 때인 것이다.

유연성을 발휘하라

자신을 적절히 다룰 수 있는 능력과 보통의 지능을 갖춘 사람이라면 누구라도 청중이 자기의 뜻을 받아들일 수 있게끔 하는 이야기를, 때로는 즉석의 스피치로써 기막히게 잘 해낼 수 있을 것이다.

"두 마디도 좋고 세 마디도 좋으니 제발 말씀해 주십시오." 하고 요청되었을 때, 그 즉시 자기를 표현하는 능력을 발휘할 수 있는 방법은 몇 가지가 있다.

"우리는 각자 종이 한 장에 어떤 주제를 하나씩 적어 넣었습니다. 그 종이를 접어 섞은 다음에 누군가가 그 종이 하나를 집어 들고, 일어서서 그 종이에 쓰인 주제에 대해 1분간 이야기하는 것입니다. 그렇다고 하여 같은 주제를 반복 사용한 적은 없었지요.

어느 날 밤, 제 순서가 되어 '전기스탠드의 갓'에 관해 이야기하게 되었습니다. 저는 간신히 그것을 해냈습니다.

요컨대, 우리는 이 게임으로 인하여 세 사람이 모두 재치 있고 영리해진 것이 사실입니다.

가지가지 잡다한 일들에 대해 넓은 지식을 쌓을 수 있었습니다. 그보다 훨씬 큰 이점은 어떠한 화제에 대해서라도 지식이나 생각을 재빨리 정리할 수 있게 되었다는 점입니다. 즉, 우리는 '일어서서 생각하는' 방법을 배웠던 것이지요."

- 누구나 '일어서서 생각할 수 있다'는 것을 증명한다.
- 이 경험을 바탕으로, 미리 준비된 이야기를 할 때에는 더욱더 자신을 갖고 말할 수 있게 된다.

이러한 연습으로 하나의 자각과 인식을 얻게 될 것이다. 설사 최악의 사태가 발생하여 미리 소재가 생각나지 않아서 머릿속이 텅텅 비어버리더라도 즉석에서 이야기하던 능력을 되살려 이야기의 본줄기로 되돌아올 때까지 마음이 흔들리지 않고 이야기할 수 있다는 자신감을 얻게 될 것이다.

"오늘밤은 서로 다른 주제로 말해주십시오. 호명되어 일어나기까지는 각자가 무엇에 대해 말해야 하는가는 덮어두겠습니다. 부디 잘 해주십시오."

어떤 일이 발생할까? 어느 회계사는 선전광고 카피에 대해서 이야기하도록 되어 있다. 그리고 광고 세일즈맨은 유치원에 대해, 교사는 은행 업무에 대해, 반대로 은행원은 학교 교육에 대한 것이 주제가 될지도 모른다. 상점 점원이 공장의 생산에 대해 말하라고 명령

받을지도 모르고, 생산의 전문가나 숙련공에게 운수에 관해 논하라고 지시될지도 모를 일이다.

머리를 떨구고 체념했을 것 같은가? 천만의 말씀! 그들은 그 방면의 권위자인 체하지는 않지만, 자기에게 주어진 주제를 이미 자기에게 낯익은 지식과 조화시키려고 애를 쓰게 마련이다.

처음에는 과히 잘 하지는 못하겠지만 어쨌든 우선 일어서서 말하게 된다. 사람에 따라 쉽고 어려운 정도가 다르겠지만 결코 체념하진 않는다.

그 결과, 자기가 예상한 것보다 훨씬 잘할 수가 있다는 것을 느끼게 될 것이다. 그들에게는 이것이 지극히 감동적인 일이 아닐 수 없다. 자기가 가질 수 없다고 믿었던 능력을 키울 수 있다고 스스로 깨닫게 되는 것이다.

이와 같이 가능한 일이라면 다른 누구에게도 가능하리라고 확신해 마지않으며, 의지력과 자신과 노력이 첨가되어지기만 하면 된다. 그리고 계속 실행해 볼수록 그만큼 쉬워질 것이다. 즉석에서 말하는 연습을 거듭할수록 직장이나 사회생활의 현장에서 '즉석으로' 스피치를 하지 않으면 안 될 사태에 이르더라도 자기의 역량을 충분히 발휘할 수 있게 될 것이다.

마음속에 항상 준비 태세를 가져라

아무 준비도 없는데 별안간 권위를 가지고 말할 수 있는 주제에 관해서 간단히 스피치해 줄 것을 기대받는 경우가 종종 있다. 여기서 문제가 되는 것은 그 장소의 상태를 재빨리 파악하여 짧은 시간 안에 정확히 무엇을 이야기할 것인가를 판단하는 일이다.

이런 일에 숙달되는 최고의 방법 중 하나는 이런 상황에 대해서 마음의 준비를 해야 한다는 것이다.

어떤 모임에 참석했을 때 '만약 내가 발표에 지명된다면 무엇을 말할까?'라고 생각을 정리해 둔다. 어떤 화제가 적당할까? 지금 모임에서 논의되고 있는 제안에 찬성하든지 또는 거부하든지 그것을 어떻게 말로 표현해야 좋을까?

우선 여기서 충고하고 싶은 일이 하나 있다. 그것은 언제나 즉각적인 스피치를 할 수 있게끔 사고의 컨디션을 조절해 둔다는 것이다. 이것은 스피치하는 쪽인 당신에게 생각하기를 요구한다. 물론 생각한다는 것은 무엇보다도 힘든 일이지만 자신과 연관되는 모든 상황의 분석에 시간을 할애하여 준비한다. 준비를 하지 않은 사람이 즉석에서 이야기를 잘해 나간 적은 없다.

이는 마치 비행사와도 같다. 언제 어느 때 발생할지 모르는 문제에 대비하여 만반의 준비를 갖춤으로써 비상사태 발생 시 냉정한 판단력으로 행동을 취할 수 있는 것이다. 이처럼 즉석에서 스피치할 줄 아는 것으로 이채를 띠고 있는 사람은 항상 그런 것에 대비한 연습을 수없이 하고 있는 것이다.

그러한 것은 엄격히 '즉석'의 스피치라고는 할 수 없다. 그것은 일반적인 준비를 해 가지고 이야기한 것에 불과하다. 왜냐하면 당신의 주제는 알려져 있는 것으로써 때와 장소에 적당하게 만들어져 있기 때문이다.

즉석의 화자로서 당신은 당연히 짧은 시간밖에 이야기하지 않을 것이다. 먼저 그 장소에 적합한 화제는 어떠한 것인가를 정해야 한다. 준비를 안 했다고 사과할 필요는 없다. 그런 것쯤은 의례 예상되었던 일인 것이다. 빨리는 아닐지라도 되도록 속히 화제 속으로 몰입하라. 그리고 다음의 충고에 따라 행하라.

생동감 있게 이야기하라

'실례'를 든다는 것은 앞에서도 지적한 바와 같이 관심을 끌 수 있는 가장 좋은 수단이다. 당신이 가장 자신감을 필요로 할 때는 이야기 시초의 몇 초간일 것이다. 그때 당신이 실례 속의 인간관계를 다루었다는 것에 청중들은 유혹을 느끼고 그 덕분에 당신은 자신감을 가질 수 있을 것이다. 의사소통이라는 것은 쌍방향의 소통인 것이다. 주의력을 집중시킨 연사는 곧 청중을 끌어당겼다는 것을 깨닫게 된다. 청중이 이해했다는 것을 깨닫고, 그 청중의 기대 섬광이 마치 전류처럼 그들의 마음속을 흘렀다는 것을 깨달으면 연사는 최선의 노력을 다하여 스피치를 빛냄으로써 그 기대에 보답하려 하게 마련이다.

이와 같이 양자 간에 확립된 화합이 없이는 진실 된 의사소통은 없다.

모름지기 '실례'로 이야기가 시작되면 좋다. 더구나 "부디 간결하게 말씀해주십시오."라고 요구되었을 때는 꼭 그렇게 해야 한다고 주장하는 것도 그와 같은 이유에서인 것이다.

이미 몇 번이나 되풀이했지만 힘 있게 스피치를 하면 외부로 나타나는 활발성은 반드시 당신의 지적 성장에 큰 도움을 줄 것이다.

일반적인 대화를 주고받던 그룹에서 별안간 몸짓과 손짓을 첨가시키는 사람을 본 일이 있는가! 그런 사람은 마침내는 거침없이, 때로는 뛰어나게 눈에 띄는 화법으로 이야기를 하여 드디어는 청중을 열성적으로 끌어당기기 마련이다.

정신과 육체의 관계는 지극히 가까운 것이다. 손의 움직임과 마음의 움직임을 묘사할 때 우리는 같은 말을 쓴다. 예컨대, 어떤 발상을 '잡는다'고도 말하고 어떤 생각을 '파악한다'고도 하는 것이다.

윌리엄 제임스도 지적한 바와 같이 육체에 활력을 주입하면 정신도 곧 그에 호응하게 되는 것이다.

이러한 까닭에, 여러분에 대한 나의 충고는 '이야기 속에 자신의 모든 것을 투입하라'는 것이다. 그것은 즉석에서, 스피치할 줄 아는 사람으로서 성공할 수 있는 데 커다란 도움이 될 것이다.

그때, 그 장소, 그 환경에 순응하라

누군가가 당신의 어깨를 치며, "몇 마디 말씀 좀 해주시겠습니까?" 이렇게 말을 건네어 올 때가 한 번쯤은 있었을 것이다. 또는 아무런 예고도 없이 갑자기 강단에 서야 할지도 모른다. 당신이 마음 놓고 사회자의 말을 듣고 있을 때 갑자기 사회자가 당신에 대한 말을 하고 있다는 것을 알게 될 때는 모든 사람이 곧 당신에게 시선을 집중하여 어느 틈에 다음 차례의 연사로 소개될 경우도 있다.

이러한 상황 아래서 당신의 심정은 스티브 디콕의 작품에 나오는 기수처럼 걷잡을 수 없을 것이다. 곤드레로 취한 그 기수는 '목적이 없이 달려가기 시작한' 것이지만 그럴 때일수록 침착성이 요구된다.

사회자에게 말을 먼저 건넴으로써 우선 한숨 돌리게 된다. 그런 다음 당신이 늘어놓을 이야기는 그 모임에 관계되는 일에 국한함이 가장 바람직하다.

인간들의 통유성通有性으로서, 청중은 자기 자신에게, 또한 자기들이 하고 있는 일에 주의를 기울이는 법이다. 따라서 즉석에서 스피치하기 위한 기묘한 방법을 이끌어낼 수 있는 세 가지 원천이 즉각 발견되는 것이다.

첫째로, 청중 그 자체이다. 스피치할 때 분위기를 부드럽게 하기 위해서 반드시 기억해 둘 것은 청중에 관한 것을 화제로 택할 일이다. 그들이 어떠한 사람이며 무엇을 하고 있는가, 특히 그들의 사회, 인류에 대해 행하는 모범적인 일에 대해 언급하는 것이다.

둘째는, 그 장소의 분위기나 특성이다. 그 모임이 열리게 된 경위를 터치하는 것도 좋을 것이다. 그것이 어떤 감사의 모임, 또는 기념

회, 또는 연차대회인지, 또는 산업에 관한, 정치에 관한 애국적인 집회인가 하는 것을 파악하라.

마지막으로, 만약 당신이 세심한 청중이라면 다른 화자가 말한 것에 찬동을 하고 그것을 확대시킬 수 있을 것이다. 즉석에서 하는 스피치는 그 장소의 진행에 따라 꽃이 피기도 하고 순식간에 사라져버리기도 한다. 그러나 청중이 느낀 느낌은 후에도 계속 남아 당신은 예상외로 빨리 즉석 화술의 명인으로 추대될 것이다.

연습만이 지름길, 아무튼 시작하라

'즉석'이라고는 하지만 관련도 없는 무의미한 것을 앞뒤 조리도 없이 내뱉는 것은 아무런 가치가 없다.

청중에게 전달해야 할 요점을 중심으로 그에 따르는 관념이나 사고를 논리적으로 모아 엮어야 하며 실례도 이 요점과 연관되는 것을 들어야 한다. 또한 되풀이되는 말 같거니와 열의를 담아 이야기하는 것이라면, 즉석의 스피치란 미리 준비된 이야기보다는 훨씬 활기와 생기가 넘쳐 있다는 것을 여러분은 깨닫게 될 것이다. 이 장에서 시사하는 몇 가지를 마음에 새겨 둔다면 당신은 틀림없이 즉석 화술의 명인이 될 것이다.

그리고 이 장의 맨 앞에서 설명한 강좌의 기교에 따라 충분한 사전 연습이 필요하다. 어떤 집회에 출석 시 간단한 준비도 할 수 있을 것이고, 언제 지명되더라도 대처할 수 있는 마음가짐을 가질 수도 있다.

논평이나 시사를 진술해 달라고 할 가능성이 있다고 생각되면, 다른 화자들에게 주의를 기울여도 볼 일이다. 그리고는 그때의 생각을 간결하게 할 수 있도록 준비한 후, 드디어 그때가 오면 마음에 있는 생각을 될수록 평범하게 진술하는 것이다. 당신의 견해는 이미 탐색되어 규명되어 있을 것이다. 그러니 그것을 간결히 말하고는 평안히 앉아 있을 수 있을 것이다.

건축가이며 공업 디자이너인 노먼 게르게디스는 일어서지 않으면 말을 표현하지 못하겠다고 입버릇처럼 말하곤 했다. 그래서 그는 사무실을 거닐며, 건물이나 전시물의 복잡한 설계나 아이디어에 관해 타인과 말을 할 때가 그로서는 최상의 상태였다. 그는 앉아서 말하는 것을 도리어 배워야 할 처지였다.

물론 그는 이것도 끝내 터득하고 말았다.

우리는 대체로 그와 정반대인 경우가 종종 있다. 우리는 일어서서 말하는 방법을 터득해야 한다.

그렇게 하기 위한 가장 중요한 비결은 아무튼 시작하는 일이다. 짧은 말을 먼저 해보자. 그리고는 또 하나, 또 하나, 다음에 또 하나……, 이렇게 시도해 나가는 것이다. 자꾸 쌓아 가노라면 나중에 한 스피치가 처음보다 훨씬 수월하다는 것을 느낄 뿐만 아니라 스피치의 질도 향상될 것이다.

필경, 즉석 스피치를 하는 것은 바로 우리들이 보통 친구들과 함께 방에 앉아 이야기하는 것과 같은 것의 연결이라는 것을 깨닫게 될 것이다.

05

강력하고 설득력 있는 나만의 색깔을 연출하라

지나친 자의식을 경계하라

"부디 긴장된 껍질을 훌훌 털어버리고 밖으로 나와 보라. 그러면 세계가 나를 따뜻하게 환영해준다는 것을 스스로가 체험하게 될 것이다!"

정녕코 힘든 일이긴 했지만 그렇게 해야만 할 가치가 있다.

포쉬 원수가 그의 '전술'에 관해서 논급한 바를 옮겨 보자. 그것은 한 마디로, '생각으로서는 지극히 간단한 것인데, 막상 실행에 접하고 보니 복잡'한 것이었다.

이 경우 가장 큰 장애가 되는 것은 물론 '딱딱해지는' 것이다. 그것은 육체적으로 딱딱해질 뿐만 아니라 정신적으로도 딱딱해진다는 것을 포함하며 인간의 성장에 따라 생기는 경화현상의 일종인 것이다.

청중 앞에서 자연스럽게 몸을 지탱하기란 여간 어려운 일이 아니다. 배우들은 그것을 잘 알고 있을 것이다. 대여섯 살쯤이라면 아마도 당신은 연단에 올라서서 청중을 향해 자연스럽게 이야기를 건넬 수 있을 것이다. 그런데 스물네 살이나 마흔네 살이 되어 연단에 올라서게 된다면 어떨까. 대여섯 살 때 가지고 있었던 무의식의 자연스러움을 잃지 않고 보존하고 있겠는가? 어쩌면 보존하고 있는 사람도 있을지 모른다. 하지만 십중팔구는 몸과 마음이 꼿꼿이 굳어져서 허세를 부리고, 꿈틀꿈틀하여 거북이처럼 제 껍질 속에 틀어박힐 것이다.

성인에게 화술을 가르치고 훈련하는 문제는 부가적인 특성을 부여하는 것이 아니다. 그런 일의 태반을 차지하는 것은 각종 장애를 제거하여 어느 누구에게 얻어맞게 되었을 때, 그에 대해 반응하는 것과 같은 자연스러움으로 이야기할 수 있게 하는 일이다.

즉, 여러 사람 앞에서는 일단 자기의 껍질을 벗어버리는 것을 터득하게 되면, 그 뒤로는 이미 개인적으로건 여러 사람 앞에서건 자기의 견해를 표현하는 데 망설이거나 멈칫거리진 않게 된다는 것이다.

당신이 갑자기 느끼는 이 자유는 마치 새장에 갇혀 있었던 새가 자유를 얻어 하늘로 날아가는 것과 비슷하다.

왜 사람들이 극장이나 공연장에 모여드는지를, 당신은 이미 알게 되었을 것이다. 왜냐하면 그곳에서는 그들과 같은 동등한 사람이 거의 또는 전연 억제당하지 않고 자유롭게 행동하는 것을 볼 수 있기 때문이며 거기에서 관객은 인간의 감정이 숨김없이 표출되는 것을 볼 수 있기 때문이다.

남의 흉내를 내지 말고 자기 자신으로 행하라

스피치를 연출할 줄 알고 자기를 표현하기를 두려워하지 않으며, 청중에게 말하고 싶은 것을 말하는 데 독특하고 개성적이며, 상상력이 풍부한 이야기의 형태나 좋은 비유 쓰기를 두려워하지 않는 연사에 대해서 우리는 누구에게나 존경심을 갖는다.

런던의 미스 스미드 경과 기스 스미드 경의 두 형제는 런던에서 호주까지의 장거리 비행에 처음으로 성공하여 호주 정부가 제공하는 오만 달러의 상금을 차지했을 뿐만 아니라, 대영제국에 센세이션을 불러일으키고 국왕으로부터 기사 작위를 수여받았다. 그리고 저명한 사진작가인 할레이 대위는 이 비행의 도중까지 같이 참가하여 영화를 촬영했다.

이후 그들 두 사람은 자그마치 네 달 동안이나 런던의 필하모니 홀에서 하루에 두 번, 오후와 밤에 교대로 강연을 한 적이 있다. 그들은 똑같다고 할 만큼 같은 경험을 했으며, 세계의 절반을 이웃해서 앉아 비행하였다. 그래서 강연의 한 마디 한 마디가 같은 내용이었다.

그런데 두 사람의 스피치는 전혀 똑같지가 않았다. 이야기에는 단순한 말 이외에 중요한 그 무엇이 있었다. 그것은 이를테면 스피치에 부수되는 '향기'인 것이다.

이처럼 당신이 '무엇을 이야기하느냐' 하는 것보다 오히려 '어떻게 이야기하는가'가 문제인 것이다.

러시아의 위대한 화가 브라로프는 학생의 그림에 손질을 하여 고쳐 다듬어 준 일이 있었는데, 그 학생은 수정된 그림을 보고 깜짝 놀랐다.

"도대체 이게 어찌된 일입니까! 아주 '조금만' 손질을 해주셨을 뿐인데 전연 다른 그림이 되어 버렸어요."

이때 브라로프가, "예술이란 그 '조금만'이 시작되는 데서 시작되는 것이라네."라고 답했다.

이것은 그림을 그리는 것이든 판데라우스키가 피아노를 치는 것이든 마찬가지로 스피치하는 데도 들어맞는 말이다.

"만사는 말하는 사항이 아니라, 말하는 법에 달려 있다."

영국 의회에서 예로부터 전해 내려오는 격언이다. 이것은 영국이 아직 로마의 식민지였던 시대의 수사학자인 킨티리안이 말한 것이다.

포드 자동차회사는 '포드 차의 구조는 모두 다 똑같다'라는 선전 문구를 쓰고 있지만 사람의 경우에는 똑같다는 말은 있을 수 없다. 아무리 천하가 넓다한들 새로운 생명은 저마다 개별적으로 새로운 존재인 것이다. 그 어떤 것과 똑같다는 것은 지금까지도 존재하지 않았고 앞으로도 결코 존재하지 않을 것임이 분명하다.

우리들은 자기 자신에 관하여 똑똑히 이 생각을 명심해야 한다. 한낮의 번쩍임 정도이나마 자기를 타인과 구별할 수 있는 개성을 모색하여 키워야 한다.

사회나 학교는 그와 같은 개성에 다림질을 해서 펴려고 할는지도 모르겠다. 사회나 학교에서는 모범적인 인간들 같은 주형에 틀어박아 넣으려는 경향이 있지만 결코 개성의 번득임을 잃어서는 안 된다.

그것이야말로 그대를 중요하게 만드는, 오직 하나의 참된 밑받침이 되어 주는 것이다. 이와 같은 것 모두는 효과적인 화법에 관해서는 두 곱이나 진실한 것이다. 인간은 두 눈과 코 하나와 입 하나를 가지고 있다. 하지만 누구 한 사람도 똑같은 용모를 가진 이는 없다.

또한 인간 개개인의 특성이나 일하는 솜씨, 성실성 등 당신과 같이 공유하는 이도 없을 것이다.

평상시 자연스럽게 이야기할 때와 똑같이 이야기하는 이 또한 거의 없다는 사실이다. 바꾸어 말하면, 그대에게는 개성이 있다는 것으로써, 화자가 지닐 수 있는 가장 소중한 재산인 것이다. 그것이야말로 그대를 중요하게, 가치 있게 해주는 오직 하나의 참된 밑받침으로, 그대의 스피치에 힘과 진정성을 당겨주는 불꽃이 되는 것이다.

자기 자신을 애써 일반적인 주형 속에 틀어넣어서 그 때문에 자기의 독자성을 잃는 따위의 짓을 해서는 안 된다.

청중과 주고받기를 하라

몇천 명이나 되는 사람에게 공통된 화술의 대표적인 실례를 들어보면 다음과 같다.

스위스의 알프스 산맥에 있는 피서지 말렌의 호텔에는 매주 강연자가 두 명이 영국에서 파견되어 숙박객에 이야기를 하게끔 되어 있다. 그 중의 한 사람은 영국의 저명한 여류작가였는데, 그녀의 화제는 '소설의 미래'라는 것이었다.

그녀는 그 주제를 자기가 고른 것은 아니라고 고백했다. 사실 그녀는 그 화제를 이야기할 만한 가치 있는 것으로 하겠다는 생각이 눈곱만큼도 없었다. 단지, 바삐 서둘러서 대강 메모를 해 가지고 청중들 앞에 서는 것이다. 그녀는 청중을 무시하며 그들의 머리 너머로 먼데를 바라보기도 하고, 메모지를 들여다보기도 하고, 마룻바닥을 굽어보기도 하는 등 청중에게는 눈길 한 번 돌리려고도 하지 않았다. 또 멍청히 시선을 멀리 보내고 목소리도 되는 대로며, 힘이 없고 마치 시간을 초월한 허공을 향하여 말을 뱉어내는 것만 같았다.

본래의 화술이란 결코 이런 것이 아니다. 그것은 다만 혼자 지껄이는 독백에 지나지 않았다. '의사 전달의 감각'이야말로 뛰어난 스피치의 첫째 필수 조건인 것이다. 말하는 이의 머리와 마음으로부터 우러난 의사를 자신들의 머리와 마음으로, 곧바로 어떠한 의사가 전달되고 있다는 느낌을 청중으로 하여금 갖게 해야 하는 것이다.

화술에 관해서, 종래에는 가지가지 넌센스와 군소리 따위가 숱하게 쓰여 왔을 뿐만 아니라 규칙이나 의식에 얽매여서 신비화되어 왔다. 우리는 구태의연한 '웅변술'을 곧이곧대로 받아들여서 우스꽝스러운 웅변을 신나게 지껄여대는 사람을 종종 만나는 경우가 있다. 특히, 거의 공통적으로 학생들이 '웅변가의 명연설'을 암송하게끔 강제되다시피 하고 있다.

비즈니스 회의에 모인 열댓 명의 사람이건, 큰 천막 밑에 모여든 1천 명의 군집이건, 그런 것에는 관계없이 현대의 청중은 화자가 잡담을 할 때처럼 솔직하게, 또한 회화의 한창 때에 그 누구 한 사람에게 말을 건네듯이 평상시의 태도로, 다만 그보다는 정열적으로 힘차게 이야기해주기를 요구한다.

자연스럽게 보이기 위해서는 한 사람에게 말할 때, 마흔 명의 청중에게 말할 때보다 더 정력을 기울여야 한다. 그것은 마치 빌딩의 꼭대기에 있는 모습을, 지상에 있는 관찰자들에게 보이기 위해서는 그 크기를 거대하게 하지 않으면 안 된다는 것과 같은 이치이다.

언젠가 네바다의 광산 도시에서 마이크 트웬의 강연이 있었다. 강연이 끝나자 늙은 광산업자가 다가와서 물었다.

"당신은 언제나 그렇게 자연스러운 웅변을 토하십니까?"

'자연스러운 웅변'을 조금 확대한 것, 그것이야말로 청중이 원하는 바이다. 이 확대된 자연스러움의 호흡을 터득하는 하나의 방법으로는 오직 연습만이 있을 뿐이다. 연습을 쌓아가는 동안, 만일에 과장된 태도로 지껄이고 있다는 것을 깨달으면 잠깐 멈추어서 마음속으로 자신을 엄하게 꾸짖는 것이다.

"자아! 어떻게 된 거야? 눈을 떠라! 인간다워야지!"

그러고는 마음속으로 청중 중에서 뒤편이나 또 이쪽으로 가장 주의를 기울이지 않고 있는 한 사람을 찾아내고 그 사람에게 말을 건네는 것이다. 그밖에 사람들이 있다는 것은 고스란히 잊어버려야 한다. 그리하여 그 사람하고만 이야기를 주고받는 것처럼 해야 한다. 그 사람이 당신에게 질문하고 당신은 그것에 대답하는 반면에, 대답하려고 하며 답할 수 있는 이는 당신 하나뿐이라고 가상하는 것이다.

만약, 그 사람이 일어서서 당신에게 말을 건네고 당신이 그에 답한다면 그 과정은 즉각, 그리고 필연적으로 당신의 이야기를 보다 더 회화적으로, 보다 더 자연스럽게, 보다 더 직접적이 되게 할 것이다. 그렇기 때문에 지금 바야흐로 그와 같은 상황에 놓여 있다고 상상하는 것이다.

실지로 질문을 해서 그에 답하는 데까지 갈 수도 있다. 예컨대, 한창 이야기하다가 이렇게 말해도 좋을 것이다.

"그런데 이 주장을 납득시킬 만한 어떤 증거가 있느냐고 여러분은 묻겠지요. 있고 말고요. 확실한 증거, 그것은……."

그리고는 그 질문에 답해 나가는 것이다. 이와 같이 지극히 자연스럽게 말해야만 단조로움을 떨칠 수가 있을 것이다.

잘 닦여진 유리창은 그 자체로서는 아무런 주의도 끌지 못한다. 다만 빛을 통하게 할 뿐이다. 탁월한 화자도 이와 똑같은 것이다. 너무나 자연스러운 것 앞에서 청중은 마음을 탁 풀어놓고 이야기하는 이의 태도에는 주의를 기울이지 않는다. 다만 이야기하고 있는 것만 의식할 뿐이다.

훌륭한 조언자의 피드백을 받아라

청중에게 어떤 의사를 전달하고 있을 때, 우리는 목소리나 육체의 가지가지 변화에 풍부한 요소를 이용하게 된다. 어깨를 으쓱해 보이거나, 팔을 움직이거나, 눈썹을 찌푸리거나, 목소리를 크게 하거나, 목소리의 높이라든가 억양을 변하게 하거나, 또는 화제에 따라 빨리 말하거나 늦게 말하기도 한다.

이와 같은 요소는 모두 원인이 아니라 '결과'라는 것을 기억해 두어도 좋을 것이다. 시간 조절에 한해서 변화되는 요소는 우리들의 정신과 감정의 상태로부터 직접적인 영향을 받는다.

청중 앞에 섰을 때 자기가 잘 알고 있는 화제, 자기가 감동될 만한 화제를 준비하고 있어야 한다는 것이 중요하다는 것은 이 때문이다.

대부분 사람은 나이가 들어도 젊은 시절의 자연스러움을 사랑하고 아끼기 때문에 발성이나 몸짓을 어떤 틀에 맞추어 두려고 한다. 활기 있는 제스처를 쓰려고 애쓰는 사람도, 적어도 목소리를 높이거나 낮추거나 하려고 하질 않는다. 한 마디로 말하자면 참된 회화의 신선한 맛과 태평스러움을 잃고 마는 것이다. 이야기하는 방법이 일률적으로 너무 늦어지거나, 너무 빨라지기 쉽다. 또한 웬만큼 조심하지 않으면 비유도 어긋나고 야무진 곳 없이 산만해지기 쉽다.

이 책에서는, 이미 몇 번이고 되풀이해서 어디까지나 자연스럽게 행동하라고 권해 왔다. 그렇다면, 일부러 그런 것으로 보이지만 않으면 조잡한 비유나, 단조로운 이야기의 태도에도 너그럽게 보아줄 것이라고 생각될는지도 모른다. 하지만 사실은 그와 반대로 자연스러워야 한다는 것은 우리들의 몸에 배인 생각을 마음에 담아서 표현하라는 뜻인 것이다.

한편, 능란한 화자는 어휘를 늘리거나 비유적인 표현, 또는 둘러말하는 표현을 풍부하게 하여 자신의 변화하려는 능력이 결여되어 있다고 생각하기를 달가워하지 않는다. 자신의 변화에 관심을 가진

자라면 누구나 그 여지를 발견할 수 있을 것이다.

성량이나 목소리의 높이, 또는 이야기하는 속도에 관해서 자기비판을 하는 것은 좋은 아이디어라고 할 것이다. 이때에는 스마트폰의 녹음기 등 도움을 빌려도 좋다. 그와는 달리 친구에게 부탁하여 피드백 받는 것도 좋겠다. 전문가의 조언을 얻을 수만 있다면 더 바랄 것이 없겠지만, 그러나 이 경우에 있어서 염두에 두어야 하는 것은, 이와 같은 것의 모두가 청중이 없는 곳에서의 연습이라는 점이다. 청중 앞에서 스피치할 때 테크닉에 신경을 쓰면 스피치의 효과는 현저하게 줄어들 것이다.

일단 청중 앞에 나가면 스피치 속에 자기를 투입시키고, 청중에게 지적이며 정서적인 인상을 주는 데 전심전력을 집중해야 한다. 그러면 십중팔구, 독서에서 얻은 감동과는 비교도 되지 않을 만큼 강력하고도 설득력 있는 스피치가 될 것이다.

Chapter 06

효과적인 실전 화법

강연자를 소개하는 화법 **01**

대화를 이끄는 방법 **02**

01

강연자를 소개하는 화법

'소개 스피치'만큼 소홀히 다루어지는 스피치는 없다. 그것은 아마 소개 스피치와 그 준비를 맡은 많은 사회자가 그것을 경시하기 때문일 것이다. 실제로 소개 스피치를 전문으로 하는 연사는 흔하지 않으며 그런 걸 전문적으로 가르치는 곳 또한 무척 드물다. 현장에서도 소개 스피치는 그저 연사를 소개하고 청중을 조용히 시키는 용도로만 알고 있는 사람이 대부분이기도 하다.

소개 연설은 그 목적 면에서 볼 때 사교적인 소개의 역할을 한다. 말을 하는 사람과 그것을 듣는 사람을 결합시켜서 우호적인 분위기를 자아내어 둘 사이에 연대감을 만들어주는 연설이기도 하다. 음식으로 따지면 에피타이저와도 같다고 할 수 있다. 식전의 가벼운 음식이 만찬을 더욱 풍성하게 하듯, 변변한 소개 연설 없는 강연은 오롯이 그 빛을 발하기 힘들다. 그리 눈에 띄지는 않지만 꼭 필요한 요소인 것이다.

이런 면에서 "사회자는 연설을 할 필요는 없다. 그저 화자를 소개하면 그만인 것이다."라고 말하는 이는, 지나치게 조심스럽고 소극적이라는 과오를 범하고 있는 것이다.

소개Introduction라는 영어는 두 개의 라틴어, Intro안으로와 Ducere유인하다가 합성해서 이루어진 말이다. 좋은 소개 연설은 청중을 강연의 흥분 속으로 교묘히 끌어들일 수 있다. 개성이 풍부한, 여러 직책, 때로는 여러 장소에서 왔을 다양한 사람들을 강연이라는 자리 속에서 청중이라는 공통점을 갖도록 만드는 것이 소개 연설의 참 목적이다.

그것은 우리들을 자체의 내부로 교묘하게 유도하여 무엇을 말하는가에 귀를 기울이도록 만드는 임무를 띠고 있다. 그런 의미에서 흔히 좋은 소개 연설은 강연자에 대한 내면적인 사실, 강연자에게 주어진 화제를 논할 자격이 있다는 사실로 청중의 주의가 집중되도록 유도해야 하는 것이다.

그런데 우리들은 실제 강연 현장에서 그렇게 하고 있는가? 십중팔구, 답은 '아니오No'일 것이다. 대부분의 현장에서 소개 스피치는, 임시변통으로 아무렇게나 해도 아무도 신경 쓰지 않을 정도로 무력

하기만 하다. 때로는 즉석에서 끌려나온 사람이 식전표를 들고 강연할 사람 이름만을 읊어대는 경우도 있다.

하지만 정말 소개 연설이란 것이 그렇게 가벼운 것이냐 하면 결코 그런 것만은 아니다. 소개하는 화자가 자기 임무의 중요성을 자각하여 올바른 방식으로 임무를 다하기만 하면, 그때의 강연은 다른 강연과는 다른 기품 있는 분위기가 흐른다. 결혼식 사회도 잘하는 사람은 잘하며 매번 초빙받는 인기인이 되듯, 소개 연설 역시 잘하는 사람은 그에 걸맞은 대접을 받기 마련이다. 실제로 많지는 않지만 몇몇 강연은 본 연설을 하는 사람만큼이나 사회자의 인선에도 심혈을 기울인다.

어쩌면 이 책을 읽는 당신 역시 이런저런 곳에서 강연이나 연설을 하도록 초빙받는 일이 생길지도 모른다. 그 중에는 사회자의 역할, 그러니까 소개 연설을 해야 하는 입장을 맞을 경우 역시 분명 생길 것이다. 당신은 다른 강연자를 소개하는 짧은 이야기를 하거나 또는 지식을 제공하는 이야기, 남을 즐겁게 해주는 이야기, 남의 마음을 움직이게 하는 이야기나 설득하기를 목적으로 하는 이야기 중의 어느 한쪽의 이야기를 하게 될지도 모른다. 시민의 모임에서 사회자로 임명될지도 모른다. 또한, 당신이 부인회의 일원이라면 다음 부인회 모임에서 주빈을 소개해야 하는 역할에 직면하게 될는지도 모른다. 그리고 지방의 사친회나 세일즈맨의 그룹, 무슨 조합의 회합이나 어떤 정치적 집회에서 당신이 이야기를 해야 하는 때가 올지도 모른다. 그 중에는 짧은 소개의 말이 필요한 경우도 있다.

여기서는 그럴 때에 꼭 필요한 힌트 몇 가지를 알려주고자 한다. 이 책의 내용이 대체로 그러하듯, 이 힌트들은 다른 모든 경우에도 폭넓게 적용이 가능할 것이다.

이야기할 것을 완전하게 준비하라

일반적인 연설이나 강연에 비해 소개의 말은 시간으로 보면 고작 1분도 안 되는 짧은 것이지만 그렇기 때문에 오히려 신중한 준비가 필요하다. 긴 강연의 경우에는 융통성이라는 걸 발휘할 여지가 있다. 혹시 이야기의 흐름이 잘못되었을 경우에는 다른 이야기로 바로 잡을 수도 있고, 어쩌다 어색한 분위기를 만들고 말았을 때에도 가벼운 이야기로 전환할 여지가 있다. 그러나 짧은 연설일수록 그러할 여유를 찾기란 힘들어진다.

먼저 사실을 모아야 한다. 이러한 사실은 대개 세 가지의 항목으로 집중될 수 있다. 어떤 강연자를 소개하든, 그리고 어떤 자리에서 사회의 역할을 맡든 필요한 사실은 이 세 가지의 항목을 크게 벗어나지 않는다. 그것은 다음과 같다.

1. 강연자가 이야기하려 하는 말의 주제
2. 그 주제에 관해서 이야기하는 강연자의 자격
3. 강연자의 이름

흔히 넷째의 항목이 추가되는 수가 있는데, 그것은 강연자가 선택한 화제가 왜 청중에게 있어서 특별한 관심사가 되는가 하는 것이다. 이제 세 가지의 항목을 하나하나 알아보자.

소개 연설을 하는 사람은 소개할 연사가 이야기할 정확한 논제와 그 주제를 이야기하는 사람이 어떠한 방법으로 전개하여 나가는가에 관해서 어느 정도는 미리 알아두어야 한다. 만약 강연자가 사회자의 말 가운데 주제에 관한 자기의 입장을 올바르게 전하지 못한 점이 있다고 이의를 내세우게 되면 수습이 곤란할 정도로 난처해질 경우가 있다. 이야기하는 사람의 주제를 잘 알고, 그 주제가 청중에게 어떤 도움이 되는지를 이야기하라. 경우에 따라서는 이야기하는 사람의 어떤 부분이 흥미 있고 특히 주의를 기울여야 하는지를 언급해도 좋다. 그러나 어떤 경우에도 소개 연설을 하면서 그가 무엇을 말하려 하는가를 미리 예고한다든가 하는 것을 가급적 삼가야 한다. 그런 언급은 청중의 흥미는 물론이거니와 소개 받은 화자의 의욕마저 떨어뜨릴 수 있기 때문이다.

그러나 소개자의 임무는 화자의 스피치 제목을 정확하게 전하고 그것이 청중의 이해에 밀접한 관계가 있다는 것을 지적하기를 요구한다. 될 수 있으면 이러한 지식은 화자 자신으로부터 입수하는 편이 오해의 여지도 없고 좋다. 그렇지 못한 경우에는 능력껏 자료를 찾아보아야 한다.

이야기하는 사람이 전국적인, 또는 지역적인 명사라면 인명록이

나 그와 유사한 책을 참조해서 정확한 자료를 입수할 수가 있을 것이다. 극히 제한된 범위 안에서만 유명하고, 일반인에게는 그리 유명하지 않은 사람의 경우에는, 그가 일하는 직장의 공보과나 인사과에 문의해 본다든지, 경우에 따라서는 그의 친한 벗이나 가족에게 전화를 걸어서 당신이 조사한 사실을 확인할 수가 있다. 요컨대, 당신이 소개하는 사람에 대한 경력 등에 관한 것을 올바르게 파악하여야 하는 것이다. 화자와 친한 사람들은 여러 가지의 자료를 기꺼이 당신에게 제공하여 줄 것이다.

물론 사실을 너무 따분하게 나열만 한다면 청중에게 지루하다는 느낌을 줄 수 있다. 특히, 한 가지 자격이 그 사람이 갖는 그 이하의 자격을 포함하는 경우에는 더욱 그렇다. 예를 들어, 어떤 이가 박사라는 것을 소개할 때 학사 및 석사라는 학위까지 언급한다는 것은 쓸데없는 일이 될 것이다. 그와 마찬가지로 그 사람이 대학을 나와서 오늘날까지 역임해 온 지위를 나열하느니보다는 현재 그가 취임하고 있는 최고의 직함을 알리는 것이 가장 좋다. 더구나 별로 중요치 않은 것을 먼저 말하고 그 때문에 그 사람의 최대의 업적을 간과하는 일이 있어서는 절대로 안 된다.

캐나다의 유명한 유머 소설가 스티븐 리코크는 유쾌한 수필집 『오늘밤은 우리들의 것』에서 그가 소개받았던 일화에 관하여 기술한 바가 있다. 그때 사회자는 그를 다음과 같이 소개했다.

"우리들 중에는 릴로이드 씨가 오시기를 학수고대한 사람이 많았습니다. 언제나 릴로이드 씨의 작품을 접하고 있는 탓인지, 이렇게 처음 만나 뵙는데도 마치 구면인 것처럼 친밀하게 느껴집니다. 사실 그의 이름은, 우리 마을에서는 이미 오래 전부터 가족 중의 누구나가 알고 있는 이름이 되어 있다고 말해도 과언이 아닙니다.

저는 마음속으로 정말로 그분을 여러분께 소개하게 된 것을 기뻐해 마지않는 바이며, 이 분이 바로 릴로이드 씨입니다."

조사의 주목적은 소개 강연을 구체적으로 만드는 데 있다. 구체적이 되어야만 소개라는 것은 그 목적, 그러니까 청중의 관심을 높이고 강연자의 이야기를 받아들이기 쉽게 한다는 목적을 달성할 수 있기 때문이다. 충분한 준비 없이 회의장으로 들어온 사회자에게는 예컨대, 다음과 같이 애매하고 졸음을 자아내는 소개의 말 외에는 떠오르지 않는 법이다.

"우리의 강연자께서는 어디에서나 이 이야기의 주제에 관하여, 에에……에에, 그 권위자로 인정을 받고 있습니다. 우리는 이 문제에 관하여 그분이 말씀하시려는 것에 대해서 깊은 관심을 기울이고 있습니다.

왜냐하면 그는 대단히 ……대단히 먼데서 오셨기 때문입니다. 여기 여러분에게, 잠깐만 기다려 주십시오. ……아, 그렇지요. 브랭크 씨를 소개하게 된 것을 기쁘게 생각합니다."

T.I.S의 공식에 따르라

이렇게 사전 조사를 끝마쳤다면, 본격적으로 소개 연설을 하는 방법을 알아보자. 보통의 소개 연설을 할 때, T.I.S의 공식은 매우 효과적이다.

- T는 Topic, 즉 화제이다. 소개할 때는 먼저 이야기의 주제를 정확히 말해야 한다.
- I는 Importance, 즉 중요성이다. 이때에는 화제와 청중의 특수한 이해 사이의 교량적 역할을 하는 것이다.

• S는 Speaker, 즉 강연자이다. 여기서는 화자의 뛰어난 자격, 특히 화제에 관계되는 자격을 소개하는 것이다.

마지막으로는 화자의 이름을 정확하게 밝히면 소개 연설은 깔끔하고 완벽해진다. 이 공식을 따라가면 당신은 놓쳐서는 안 되는 것들을 반드시 언급하면서도 당신의 상상력을 충분히 구사해 연설을 이어나갈 수 있을 것이다. 어떤 연설이든 상상력과 기발함은 공감의 첫 걸음이다. 소개의 스피치라고 해서 결코 무미건조해서는 안 된다. 이러한 공식을 의식하지 못하고 공식에 따라서 한, 소개 스피치의 좋은 예가 있다.

"오늘의 강연자께서 하실 말씀의 주제는, '전화 회사는 당신에게 봉사합니다!'라는 것입니다. 언제라도 싫증도 안 내고 연애나 경마의 내기에 열중하는 사람이 끝이 없는 것과 같이, 세계의 커다란 수수께끼의 하나는 전화를 걸 때에 일어나는 것입니다. 왜 번호가 틀리게 걸리는가? 왜 뉴욕으로부터 시카고에 건 전화가 자기 마을에서 언덕 너머 이웃 마을에 거는 전화보다 빨리 걸리는 수가 있는가?

오늘 강연자는 그 의문에 대한 대답도, 그리고 전화에 대한 그 밖의 의문에 대한 대답도 잘 알고 계십니다. 20년간이나 전화사업에 종사하여 아무리 세세한 것도 모두 소화해서 다른 사람들에게 그 사업의 내용을 밝혀 알려주는 것이 그분의 업무였습니다.

웰바움 씨는 참으로 전화 회사의 중역이라는 직업이 어울리는 인물입니다. 그가 지금부터 전화 회사가 어떻게 우리에게 봉사하고 있는가에 대해서 말씀해주실 것입니다. 오늘의 이 말씀에 호의를 품어 주시는 분이 계시거든 웰바움 씨를 수호신이라 생각해주십시오.

그리고 최근 전화 때문에 곤란을 느끼신 분이 계시거든 웰바움 씨에게 변호인 측의 대변인이 되어 주십사고 부탁드리십시오. 여러분, 뉴욕 전화 회사의 부사장 조지 웰바움 씨를 소개해 드립니다."

소개 글을 음미해보며, 소개자가 얼마나 교묘하게 청중으로부터 전화에 대한 관심을 유도해내고 있는가를 주의 깊게 살펴볼 필요가 있다. 사회자는 우선 청중에게 질문을 던짐으로써 호기심을 불러일으킨다. 그렇게 함으로써 연사는 그러한 질문이나 그밖에 청중이 걸어올지도 모르는 질문에 연사가 답해줄 것을 암시하는 것이다.

위의 소개 글을 읽어보면 이 소개의 스피치가 이미 쓰여 있었거나 암기된 것은 아니라는 것을 알 수 있다. 이와 같이 활자로 찍혀 나와도 그것은 일상생활의 회화에서처럼 자연스럽게 들린다. 소개의 스피치는 결코 암기해서는 안 된다. 암기라는 것이 상상력을 제한하기도 하거니와, 치명적인 실수를 일으킬 수 있기에 더욱 그러하다.

코넬리아 오티스 스키너는, 어느 날 밤 집회에서 사회자로부터 청중들에게 소개가 된 적이 있었다. 그 사회자는 고스란히 암기해 둔 말을 늘어놓는 동안, 그만 다음에 할 말을 잊어버리고 말았다. 그래서 막다른 골목에서 숨을 크게 쉬고 무심코 한 마디 내뱉었다.

“애초에 연사로 모시려던 버트 제독께서는 강사료가 매우 비싼 관계로 모시지 못하게 되었습니다. 대신 미스 코넬리아 스키너께서 나와 주셨습니다.”

이렇게 초빙한 강사를 소개한다면 그 자리에 나와 있는 싸구려 강사는 말할 기분이 싹 가셔버릴 것이다.

소개는 여러 가지로 그 장소에 응해서 자연스럽게 온 것처럼, 말씨를 부드럽게 해야 한다. 앞에 말한 웰바움 씨의 소개 스피치에서는, ‘매우 흔쾌히 여겨 마지않는 바입니다’라든가 ‘이 한 몸에 넘치는 영광으로써’ 따위의 오래된 문구는 전연 사용하지 않았다. 강연자를 소개하는 데 있어서도 최상의 방법은 단순히 이름을 밝히든지, ‘아무개 씨를 소개하겠습니다’라고 간결하게 이름을 밝히는 것이 좋다. 지나치게 멋들어지고 긴 수식어는 청중의 호응을 얻는 데 아무런 도움도 주지 못하기 때문이다.

때로는 지나치게 많이 지껄여서 청중으로부터 반감을 사는 사회자도 있는가 하면, 이야기하는 사람과 청중에게 사회자 자신의 중요성을 인상 깊게 심어주기 위해서 마치 천마가 하늘을 달리는 듯한 웅변을 토하는 사회자도 있다. 그리고 또 때로는 반드시 좋은 취미랄 수는 없는 ‘기성품의 농담’을 꺼내들거나 좋건 나쁘건 이야기할 사람의 직업을 농담의 재료로 삼는 슬픈 과오를 범하는 사회자도 있다. 효과적인 소개를 원하는 사람이라면 이와 같은 잘못은 피해야 한다.

여기에서 T.I.S 공식에 충실히 따르면서도 독자적인 개성을 잃지 않는 또 하나의 소개의 예가 있다.

소개자인 에드가 L. 사더딕이, 저명한 과학 교육자이며 편집자이기도 한 제럴드 웬트를 소개하면서 공식의 세 가지 면을 교묘하게 짜 넣은 방식에 관심을 가져보도록 하자.

"〈오늘의 과학〉이라는 연사의 화제는 참으로 훌륭한 주제입니다. 이 논제는 이러합니다. 자기 자신의 몸속에 고양이가 둥지를 틀고 있다는 환각으로 고민하고 있는 정신병 환자가 있었지요. 아무리 해도 환자로 하여금 그런 환각에서 벗어나게 할 수가 없었으므로 정신병 의사는 가짜 수술을 했습니다.

환자가 마취에서 깨어나자, 그 의사는 환자에게 검정고양이를 내보이며, 이렇게 고양이를 끄집어냈으니 이제는 괴로워할 것 없다고 위로해 주었습니다. 그러자 환자는 이렇게 대답했습니다.

'수고해주셨습니다만 선생님, 나를 괴롭히는 고양이는 회색입니다.'

오늘의 과학도 이와 같습니다. 우라늄 235라는 고양이를 잡으려 하면 엉뚱하게도 우라늄 233이라는 고양이를 발견하고 맙니다. 최초의 원자 과학자라고 할 수 있는 왕년의 연금술사는 죽음의 자리에서 우주의 신비를 탐구하기 위해 '하루만 더 내 목숨을' 하고 탄원했습니다. 그러나 오늘날의 과학자들은 그 신비로 널려 있던 우주가 꿈꾸지도 못할 만큼의 비밀을 만들어내고 있습니다.

오늘 제가 소개할 분은 이러한 과학의 미래에 대해 누구보다 잘 알고 계신 분입니다. 시카고대학교의 화학 교수이시고, 펜실베이니아 주립대학교의 학장이시며 오하이오주 콜럼버스 바텔 산업조사연구소의 이사장직도 겸하고 계십니다. (중략) 선생님은 이런 말을 즐겨 하십니다. 진정 훌륭한 것은 아직 나타나지 않았다는 말이죠. 지금이 정말 그렇습니다. 저는 지금 『사이언스 일러스트레이트』 지의 편집장이신 제럴드 웬트 박사를 소개하게 되어 영광으로 생각합니다. 여러분도 이분의 말씀을 즐겁게 들으시리라 바라마지 않습니다."

지나친 칭찬은 좋지 않다, 그 반대의 경우도

그리 오래 전의 일은 아니다. 소개 스피치로 화자를 실제 이상으로 극찬하는 버릇이 유행된 적이 있었다. 꽃다운 찬사가 사회자의 입을 통해서 강연자 위에 쌓아 올려진 것이다. 그 결과 가엾게도 강연자는 열매 없는 아양의 지독한 향기 때문에 제대로 입을 열지 못하고 혼이 나곤 했다.

인기 있는 유머리스트인 톰 콜린즈는 『사회자 입문』이라는 책의 저자 하버트 프로크노에게 이렇게 말한 바 있다.

"유머러스한 이야기를 하려고 하는 연사에 있어서, 매우 치명적인 것이 있습니다. '여러분은 이윽고 웃음보를 참지 못하시고 이 통로를 데굴데굴 구르며 웃어젖히실 것입니다.' 하고 사회자가 청중에게 보장하는 경우가 그것이지요. 혹시 이런 경우를 당한다면 하려던 얘기일랑 집어치우고 당장 집으로 돌아가 버리는 것이 나을 겁니다. 앞으로 당신이 할 이야기의 효과는 이미 다 박살난 것이나 다름이 없으니까요."

그렇다고 해서 이야기하는 사람에 대한 칭찬에 인색해서도 안 된다. 만약 사회자가 곧 강연할 사람을 '마지못해 데려온 사람'이나 '미덥지 못한 사람'으로 소개한다면 그때 강연할 사람은 청중의 호응을 끌어낼 수 있을까? 호응은 고사하고 강연자 역시 강연을 시작할 의욕을 잃어버릴 확률이 높을 것이다.

열기 있고 힘차게 소개하라

이야기할 사람을 소개할 때의 태도는 이야기하는 사람만큼 중요하다. 사회자는 이야기할 사람에 대해 친근감 넘치는 태도로 임하여, 지금 자기가 그 사람을 소개하는 일이 얼마나 행복한지를 말하면서 진심으로 즐거워하는 태도를 보여야 한다. 그리고 이야기할 사람의 이름을 말하는 마지막 대목에서 클라이맥스를 이루는 듯한 느낌으로 소개한다면, 청중은 기대감은 더욱 커지고, 이야기할 사람을 더욱 열광적인 박수로서 맞이할 것이다. 당연하지만 청중이 나타내는 호의는 그대로 이야기할 사람에게로 돌아와서 그로 하여금 최선을 다하게 하는 자극제가 되는 것이다.

소개의 끝말에 이르러 강연자의 이름을 밝힐 때는, '휴식', '분리', '파워힘'라는 세 가지 말을 기억해두면 도움이 될 것이다.

'휴식'이란 강연자의 이름을 말하기 전에 잠깐 침묵의 간격을 두어

청중으로 하여금 기대를 갖게 함을 뜻한다. '분리'란 성과 이름 사이의 간격을 좁혀서 화자의 이름을 똑똑히 인상짓게 함이다. '파워힘'란 이름을 힘차고 기세 좋게 외친다는 것을 뜻한다. 간단히 말해 이름을 말하기 전에는 잠깐의 침묵을 두어야 하며, 이름은 분명하고 똑똑하게 이야기하고, 그것도 힘차게 소개해야 한다.

또 하나 주의할 것이 있다. 강연자의 이름을 말할 때는 가급적 그 연사 쪽으로는 얼굴을 돌리지 말고 청중 쪽을 향해서 마지막까지 말을 마친 다음 비로소 연사 쪽으로 향하도록 해야 한다. 만약 그러지 않는다면 모처럼 멋진 소개를 하고도 마지막에 가서, 연사 쪽을 향하여 당사자에게만 그 이름을 알리는 격이 되어 청중은 경우에 맞지 않는 소외감을 맛보게 된다. 기껏 청중을 고조시킨 성과도 보람 없이 분위기도 호응도 소개 이전의 효과로 돌아가 버리고 마는 것이다. 사소하지만 자주 일어나는 실수다.

성실한 취지로 행하라

마지막으로, 소개를 할 때 중상적인 말투나 가시 돋친 농담은 삼가는 것이 좋다. 어금니에 뭐가 끼인 듯한 소개는 일부의 청중에게 그릇된 해석이 되는 경우가 있다. 무엇보다도 성실한 취지로 임해야 한다. 그것은 당신이 최고도의 세련과 임기응변을 필요로 하는 사교장에 와 있기 때문이다.

때로 당신과 강연자와는 친한 사이일 수도 있지만 청중과도 반드시 그런 것만은 아니다. 그러니 당신이 아무런 생각 없이 한 얘기도 청중에게는 엉뚱하게 잘못 전달될 수도 있는 것이다. 친한 사이에는 오해를 살 듯한 심한 말도 하고, 때로는 깎아 내리는 말을 할 수도 있다. 친한 사이에는 그런 말이 오히려 친분의 표시가 되는 경우도 많기 때문이다. 그러나 소개 연설은 당신과 강연자와의 사적 대화가 아니다. 당신이 강연자를 청중에게 소개하는 공적 대화이기도 한 것이다. 소개 연설은 성실한 취지로 임하고, 오해가 될 말은 반드시 피하라.

02

대화를 이끄는 방법

올바른 정신이 있는 사람이라면, 아무런 계획도 없이 집을 지으려고 덤비지는 않을 것이다. 그런데 그 사람이 이야기를 할 때는 어떠할까? 이야기의 목적에 대해서 어떠한 자각도 없이 이야기를 시작하려고 하는 것은 무슨 까닭인가?

이야기를 한다는 것은, 어떤 목적 있는 항해와도 같은 것이다. 항해를 하는 데에는 해도에 따라 일정한 항로를 정해야 한다. 목적지도 없이 출발한대서야, 어디에도 가 닿지 않을 것은 자명한 일이다. 보다 더 효과적인 화술을 터득하려는 사람들이 모이는 곳에, 일찍이 나폴레옹이 말한 문구를 적고 싶다.

"전술이란 것은, 계산되고 숙고된 것이 아닌 한 절대로 성공할 수 없는 과학이다."

이 말은 전쟁과 마찬가지로 '화술'에도 해당되는 말이다. 그러나 이야기하는 사람들이 그것을 깨닫고 있다 하더라도 반드시 그에 따라 행동하고 있는 것일까? 그렇지만은 않은 것 같다. 숱한 이야기가 거의 계획도, 준비도 하지 않은 것이나 다름없다고 할 수 있을 정도이다.

어떤 한 묶음의 생각을 가장 교묘하게 효과적으로 편성하려면 어떻게 해야 할 것인가. 그 생각에 대해 곰곰이 연구해보지 않고는 뭐라 말할 수가 없다. 언제가 되든, 그것은 모든 연사가 몇 번이고 스스로 묻고 여기에 답해 보지 않으면 안 되는 새로운 문제이며, 영원한 문제인 것이다.

확실히 법칙이란 결코 주어지지 않는 법이다. 그러나 적어도 청중을 행동케 하는 긴 이야기의 세 가지 주요한 단계를 우리는 지적할 수 있을 것이다. 그것은 주의를 환기시키는 단계와 본론, 그리고 결론인 것이다. 이와 같은 것에는, 각 단계를 발전시키는 데 도움이 되는 장구한 세월 동안의 시련을 겪은 몇 가지 방법이 있다.

청중을 사로잡는 첫마디

'말하는 사람으로서의 오랜 경험이 가르쳐주는 가장 중요한 사실은 무엇이냐'라는 질문에 노스웨스턴 대학의 헤럴드 호크 박사는 다음과 같이 말했다.

"남의 흥미를 끄는 첫머리의 말, 즉 단번에 청중으로부터 호의적인 관심을 획득할 수 있는 말을 생각해내는 것이다."

호크 박사의 이 말은 설득력 있는 화술의 핵심을 찌른다. 어떤 방식으로 이야기를 하면 첫머리의 말부터 청중을 사로잡을 수 있을까? 여기에 잘만 응용할 수 있다면, 청중으로 하여금 당신의 말에 강한 관심을 기울이지 않을 수 없게 하는 방법이 몇 가지 있다.

◆ 자신의 경험을 이야기하라

뉴스 해설자로서, 강연자로서, 또한 영화 제작자로서도 세계적인 명성을 떨치고 있는 R.토머스는 〈아라비아의 로렌스〉에 관한 강연을 다음과 같이 서술했다.

"어느 날 나는 엘삼의 크리스찬 거리를 걸어가다가, 마치 동양의 권력자처럼 호화로운 장복을 몸에 걸친 한 사람을 만났습니다. 그의 한쪽 허리에는 예언자 마호멧의 후예만이 지닐 수 있는 황금박이 검이 차여져 있었습니다……."

그는 이렇게 이야기하기 시작했다. 자신의 경험으로부터 말머리를 끄집어낸 것이다. 이런 말머리는 거의 절대로 틀림없이 관중을 사로잡을 수 있는 것이며, 실패할 확률이 거의 없다. 또한 그것은 이동하고 진행한다. 듣고 있는 사람들도 거기에 자연스럽게 따라가기 마련이다. 왜냐하면 우리들은 자기가 이야기의 일부가 되어 있다는 것을 인정하여 무엇이 일어났는지를 알고 싶어 하기 때문이다. 실화를 인용해서 이야기를 시작하는 것만큼 남을 움직이는 힘을 발휘하는 방법은 달리 없다.

어느 날 밤, 한 사나이가 상자 위에 서서 한 무리의 사람들에게 말을 하고 있었다.

"여러분……. 인디언 중에는 대머리가 없다는 것을 아십니까? 또한 여성의 대머리도 여러분은 보신 일이 없으시지요? 그럼 그 까닭을 여기서 가르쳐 드리겠습니다."

일단 이야기를 시작했으면 결코 중지해서는 안 된다. 시작을 길게 끌 필요도 없고 머리말 같은 건 오히려 없는 편이 낫다. 느닷없이 사건 속으로 뛰어 들어감으로써 청중의 관심을 끌어당기기가 쉬워진다.

자기의 경험에서 우러난 이야기로 스피치를 시작하는 연사는 안전한 지반 위에 있는 사람과도 같다. 이야기를 하며 무슨 말을 할까 심사숙고할 필요도 없고, 그저 생각나는 대로 이야기해도 되기 때문이다. 이야기하고 있는 경험은 자기 자신의 것이며, 이를테면 자기 존재의 섬유소를 이루는 인생의 일부를 재생시키는 근본이기 때문이다.

그 결과는 어떨까? 청중과 화기애애한 관계를 이룩하는 데 중요한 역할이 되고 자신에게는 만족스러운 결과가 얻어지는 것이다.

◆ 호기심을 불러일으켜라

여기에, 파울 하이리 씨가 필라델피아의 펜체육회 클럽에서 강연했을 때의 스피치 개시법에 관한 실례가 있다.

오래 전, 런던에서 조그만 책이 발간되었습니다. 그것은 불후의 명작으로 칭송될 운명의 소설이었습니다. 수많은 사람들에 의해 그것은 '세계에서 가장 위대한 조그만 책'이라고 일컬어져 있습니다. 그것이 처음 나왔을 때, 친구들끼리 만나면 서로 질문을 주고받고 하였습니다.

"그거 읽었니?"

대답은 마치 판에라도 박은 듯이 정해져 있었습니다.

"암, 물론 읽었지."

발매된 그날 중으로 그 책은 1천여 부가 팔렸습니다. 2주일이 채 지나기도 전에 1만 5천부가 팔려버렸습니다.

그 이후, 몇천 번이나 중판을 거듭하여, 온갖 나라 말로 번역되어 전파되었습니다. 이토록 세계적으로 유명한 책의 제목을 아십니까? 그것은…….

어떤가, 듣다 보니 저절로 흥미가 일지 않는가? 더 알고 싶지 않은가? 이 연사는 청중의 호의적인 관심을 유도하고 있다. 이 말머리는 당신의 주위를 끌어서, 이야기가 진행될수록 더욱더 흥미를 북돋운다. 그렇다면 왜 그럴까? 그것은 당신의 호기심을 자극하여 앞이 어떻게 되나 하고 기대를 갖게 했기 때문이다.

호기심! 이것에 마음이 움직여지지 않는 이가 있을까? 아마도 그대 자신도 마음이 움직여지지 않고는 배기지 못했을 것이다. 당신은 그 작자가 누구이며, 그것이 도대체 무슨 책인지 알고 싶어 할 것이다.

당신의 호기심을 만족시켜 주기 위해서 여기에 답을 밝혀 두고자 한다. 작가는 찰스 디킨스, 책의 이름은『크리스마스 캐롤』이다.

이야기 줄거리에 긴박감을 연출하여 궁금증을 불러일으키는 것은 청중으로 하여금 흥미를 느끼게 하는 매우 확실한 방법이다.

◆ 뜻밖의 사실을 인용하라

글리포드 아담스는 펜실베니아 주립대학의 결혼상담소 소장으로서 언젠가,『리더스 다이제스트』지에 논문을 기고한 바 있다. 제목은「반려자를 찾는 방법」이라는 것인데, 그 이야기의 서두는 다음과 같은 놀랄 만한 사실, 그야말로 숨을 들이 삼킬 것 같은 흥미진진한 이야기로 시작된다.

"오늘날 우리나라의 젊은이들이 결혼생활로 행복을 찾으려 함은 실로 조심스러운 일이다. 이혼율의 상승도는 더욱 두렵다. 1940년에는 대여섯 쌍 가운데서 한 쌍 정도의 비율로 결혼 생활이 암초 위에 올라앉곤 하였다. 2050년경에는 이 비율이 두 쌍 중 하나의 비율로 바뀌고 말 것이다."

이야기의 서두에서 청중을 깜짝 놀라게 서술을 하는 이 방법은 청중과의 접촉을 구축하는 데 효과적이다. 왜냐하면 청중의 마음에 충격을 주기 때문이다. 이것은 이야기의 주제에 주의를 기울이게 하는 수단으로, 뜻밖의 사실을 인용함으로써 관심을 모으는 일종의 '충격 기법'인 것이다.

어느 한 분이 강습회에서 호기심을 북돋우는 이 방법을 아주 효과적으로 사용하여 보인 적이 있는데, 그녀는 이런 말과 함께 이야기를 시작했다.

"10년이라는 세월 동안 저는 갇혀 지내는 수인이었습니다. 그렇다고 제가 갇혀있던 곳은 보통의 교도소가 아니었습니다. 그것은 자신의 열등감에 대한 근심이라는 벽으로 둘러쳐져 있었고, 남의 비판에 대한 두려움이라는 쇠창살이 있는 감옥이었습니다."

당신은, 이 실화에 관하여 더욱더 알고 싶은 생각이 들지 않는가?

사람의 의표를 찌르는 말머리를 사용하는 경우, 꼭 피해야만 하는 위험이 한 가지 있다. 그건 지나치게 연극적이거나 너무 감정적이어선 안 된다는 것이다. 이야기의 서두는 회화투로 시작하는 것이 좋다. 이야기의 서두가 회화투냐 아니냐를 구별하는 효과적인 방법은, 그 이야기가 저녁식사의 테이블에서 적합한지 아닌지로 판단할 수 있다. 당신의 이야기가 저녁 식탁에서의 회화로 적당하지 않다면, 청중을 대하고 연설할 때에도 그 이야기는 회화적이 되지는 못할 것이다. 그렇다고 하지만 청중의 관심을 끌어당기리라고 예상한 이야기가 서두의 실지에 있어서는, 지극히 따분한 부분이었다는 예가 흔히 있다.

예를 들면, 최근에 나는 어느 연사가 다음과 같이 연설을 시작하는 것을 들은 바 있다. 가정의 저녁 식탁에서 흔히 나올 법한 내용이기는 하다.

"하느님을 믿고 자기 능력을 믿으십시오……."

이 얼마나 설교투의 마음이 뻔히 들여다보이는 이야기의 서두인가! 그렇지만 다음 문구는 이와 다르다. 제법 흥미를 돋우는 고백일 뿐만 아니라 연사의 절실한 심정이 깃들어 있다.

"저의 어머니는 30여 년 전, 남편을 여의고 유산도 하나 없이 과부의 몸으로 세 자식을 부양하여야만 했습니다……."

정말이지, 어째서 이 연사는 세 자식을 양육할 처지에 놓이게 된 과부 어머니의 고생으로부터 이야기를 시작했을까. 서론도 도입도 없이 본론부터 시작한 이 이야기는 듣다 보면 어느새 다음이 궁금해지고 만다.

◆ 질문을 던지고 답하게 하라

실속 있는 관심을 환기시키기 위하여 청중에게 질문을 던지고, 그에 대하여 손을 들어 답해 달라고 하는 것은 좋은 방법이다.

"여러분께서 손을 들어 주셨으면 합니다. 자신이 예상하는 것 이상으로 빨리 피로를 느끼신 분은 손을 들어주십시오."

이러한 경우 주의할 점이 있다. 손을 들어달라고 부탁할 때, 일반적인 경우는 사전에 그것을 청중에게 예고하여야만 한다는 점이다.

아래와 같이 시작하는 것은 좋지 않다.

"소득세를 내려야 한다고 믿으시는 분이 얼마나 계실까요? 손을 들어주십시오."

무엇보다도 청중에게 의사 표시를 할 마음의 자세를 가다듬을 기회를 주어야 한다. 예컨대 다음과 같이 시작하면 어떨까?

"이제 여러분에게 중요한 의미가 있는 질문에 대해서 거수를 해주셨으면 합니다. 이것이 그 질문입니다. 여러분 가운데서, 경품권이 소비자에게 이익이 된다고 믿으시는 분은 얼마만큼이나 계실까요?"

거수를 요구하는 기술은 '청중과 함께 참가하는 것'이라는 귀중한 반응을 획득하게 한다.

그것을 사용함으로써 화자의 이야기는 이미 일방통행이 아니라 청중이 참가하고 상호소통의 길을 걷기 시작하는 것이다.

"자신이 예상한 이상으로 빨리 피로해지는 분은 이 가운데서 몇 분이나 계실까요?"

이와 같이 질문을 하고 거수를 요구한다면 청중은 제각기 자신이 좋아하는 화제, 즉 자기 자신의 일, 자신의 아픔이나 피로에 관하여 생각하기 시작한다. 아마도 거수를 하면서 다른 누군가가 거수를 하는지 보려고 사방을 두리번거릴 것이다. 지금 이야기를 듣는 중이라는 사실을 잊어버리고 얼굴에는 미소가 떠오르게 된다.

또한 옆자리에 앉아 있는 친구에게 고개를 끄덕여 보이기도 할 것이다. 그러는 동안 강연자와 청중 사이에 있던 어색한 분위기가 사라지고, 강연자나 청중이나 모두가 마음 가볍게 느슨해질 수 있는 것이다.

◆ 방법을 가르쳐 준다고 약속하라

거의 절대적으로 틀림없이 청중의 강한 관심을 끌어들이는 방법이 있다. 내가 권고하는 그대로만 한다면 여러분이 바라는 결과가 올 것이라는 점을 청중에게 약속하는 것이다.

이를테면 이런 식으로 말하는 경우가 있다.

"이제부터 피로 방지법을 여러분에게 가르쳐드리겠습니다. 또는 여러분들께서 하루에 일어나 있는 시간을 한 시간만 더 늘리는 방법을 가르쳐드리려 합니다."

“저는 이제부터 여러분께 크게 수입을 늘리는 방법을 가르쳐드리고자 합니다.”

“제가 말씀드리는 것을 10분간만 들어주시면 여러분이 현재보다도 더욱더 인기가 상승하는 확실한 방법을 가르쳐드리겠습니다.”

이와 같은 ‘약속’형의 서두는, 청중들의 이해관계에 직접 호소하는 따위에 그의 주의를 끈다는 것은 의심할 여지가 없다. 그런데도 연사가 그의 화제를 청중들의 중대한 관심사에 연결시키기를 지나치게 게을리하는 예가 종종 있다. 주의해서 주제에 관한 청중의 호응을 끌어내는 대신에, 그 주제의 유래를 구질구질하게 늘어놓거나, 그 화제를 이해함에 필요한 참고 사항을 구차스럽게 늘어놓는 등의 따분한 서두로 호응을 할 여지를 아예 없애버리고 마는 것이다.

‘약속’의 기법에 따른 시의적절한 이야기를 예를 들면 다음과 같다.

“여러분은 각자 자신이 얼마나 오래 살 것인지 알고 계십니까? 생명 보험회사는 수백만, 또는 수천만이나 되는 사람들의 수명을 참고로 만들어진 평균 ‘남은 수명’의 리스트를 사용하여 이것을 예상할 수가 있습니다. 그에 의하면, 80세부터 현재의 연령을 뺀 답의 3분의 2가 이제 앞으로 여러분들께서 사실 수 있는 기간의 연수가 됩니다.

자, 그러면 여러분들은 그 정도만 산다면 더 바랄 것 없이 충분하다고 생각하십니까? 물론 그런 욕망을 절실히 바라고 있으며, 이러한 예상이 틀린 것이라고 증명하고 싶어 합니다. 허나 어떻게 하면 그럴 수가 있을는지 하고 의문을 가지시겠지요. 통계를 따져 내놓은 짧은 이 여생을 어떻게 연장시킬 수가 있는지 그것을 이제 말씀드리지요…….”

이야기를 시작하는 데 관한 이와 같은 유형의 방식이 당신의 관심을 끌어당겨 주고 연사의 이야기를 들어볼 생각이 들게 하는지 안 하는지는 여러분들의 판단력에 맡기기로 하겠다.

이때 연사의 말에 귀를 기울이지 않을 수 없게 되는 것은 연사가 당신에게, 그리고 당신의 인생에 대한 말을 하고 있을 뿐더러 당신 개인에게 매우 유익한 것을 말하리라는 것을 약속하였기 때문이다.

이야기의 시작을 이렇게 함으로써 듣는 청중으로서도 항의할 여지가 없어질 것이 아닌가. 개인과 아무 관계없는 사항을 지루하게 늘어놓을 필요는 없는 것이다.

지금까지 서술하여 온 방법은 전부 다 권장할 수 있는 장점을 가지고 있다. 그것을 개별적으로 써도 좋고 혼합하여 써도 된다. 다만 청중이 당신을, 그리고 이들의 말을 받아들여 줄지 않을지 그것은 당신이 어떻게 이야기의 서두를 꺼내느냐에 따라 크게 좌우된다는 것을 잘 인식해야 한다.

청중에게 호의적인 관심을 얻는다

연사는 청중의 관심을 끌어 모아야 한다. 그것도 그냥 관심이 아니라 청중이 호의적인 관심을 갖게 하지 않으면 안 된다는 것을 머릿속에 간직해 두어야 한다. 그냥 관심이 아닌 '호의적인' 관심이라는 점에 주의하라. 분별이 있는 사람이라면, 무조건 청중을 모욕하거나 청중으로부터 외면을 당하는 불쾌한 이야기를 늘어놓지는 않을 것이다. 이런 이야기는 관심을 끌 수 있을지언정 그 관심은 호의적인 것과는 무척 거리가 멀다. 그런데도 이야기를 시작함에 있어서 다음에 열거하는 따위의 금칙을 범하는 연사가 얼마나 많은지 모를 일이다.

◆ 변명으로 시작하지 마라

변명 같은 말을 첫머리로 시작한대서야 호의적인 스타트라고 할 수 없다. 살아가다 보면 미리 강연 내용을 준비하지 못했다는 둥, 자신은 이야기의 적격자가 아니라는 둥 하면서 이야기를 시작하는 연사를 우리들은 종종 만나게 된다. 그러나 연사가 하는 이런 말들은 무의미하기도 하거니와 오히려 힘들게 이 자리를 찾아온 청중들을 무시하는 말이기도 하다.

만약 연사가 충분히 준비하지 못했다면, 굳이 변명하지 않아도 청중들은 저절로 알아차릴 수 있다. 그런데 굳이 그걸 말하는 까닭은 무엇일까? 게다가 준비를 하지 않았다는 것은 말하려는 화제가 준비하여야 될 정도로 그렇게 대단한 가치가 있는 화제가 못 된다던가, 아니면 너무나 흔하여서 진부한 재료로 얼버무려 짜 맞출 수 있으리라고 얕잡아보고 있다는 점을 암암리에 시사하는 거나 별 다름이 없다. 어쩌면 이번 청중은 준비하지 않아도 대처할 수 있을 만큼 수준

이 낮다는 심리를 마음속에 갖고 있는지도 모른다.

왜 그러한 말을 하여서 청중을 모욕하려 하는가? 정말이지, 연설이나 강연에서 변명은 전혀 필요 없고 해서도 안 되는 일이다. 청중 역시 변명 따위는 듣고 싶지도 않을 것이다. 더군다나 연설의 첫 마디는 연사와 청중이 시작하는 소통의 첫 단계이다. 일단 이야기를 시작했으면 관중의 관심, 그것도 호의적인 관심을 얻는 데 연사의 모든 역량을 쏟아야 한다. 그것도 두 번째, 세 번째 문장이 아닌 바로 첫 문장, 연설의 첫 마디로 말이다.

◆ 저급한 농담은 삼가라

어쩌면 이미 알아차렸을지도 모른다. 많은 연사가 애용하는 스피치 화법 가운데서 아직도 여기에 소개되지 않은 방법이 있다는 것을. 그 방법은 이른바 '농담을 섞은' 이야기로 연설의 서두를 꺼내는 방법이다.

강연을 처음 하는 초보자들은 흔히 농담을 지껄임으로써 이야기를 '명랑하게' 하여야 한다는 생각을 가질 수도 있다. 그러나 그것은 결코 해서는 안 되는 일이다. 이런 이야기는, 우스꽝스럽기는커녕 흔히 연사를 가련한 인간으로 보이게 한다. 그런 상태에서 연설을 이어갔다가는 결국에는 걷잡을 수 없는 낭패를 당하고야 말 것이다. 그뿐만 아니라 청중 가운데서는 미리 그 이야기를 알고 있는 사람이 있을지도 모를 일이다. 그럴 경우에 연사가 받는 타격은 단시간 안에는 복구하기 어렵다. 아마도 연설이 끝날 때까지 연사는 청중의 가련한 시선을 한눈에 받고 있어야 할 것이다.

그렇다고는 해도 적절한 유머의 감각은 어느 연사에게든 귀중한 자질이 아닐 수 없다. 말이라는 것이 처음이나 끝이나 마치 코끼리처럼 묵직하고, 필요 이상으로 엄숙해야 하는 이유는 없는 것이다. 정말이지 그렇게 하여야 할 필요는 조금도 없다. 지나치게 가벼운 연설은 화자를 얕잡아 보이게 하지만 오히려 적당한 가벼움은 화자의 재치를 빛나게 한다.

특히 그 고장의 상황이나 그 장소에서 발생한 일이나, 자신보다 앞서 이야기한 연사의 말을 재치 있게 끌어다가 기지를 섞어서 청중의 웃음이나 즐거움을 자아내는 감각과 능력이 있다면 강연은 분명히 성공하게 될 것이다.

이럴 때 필요한 것이 통찰력이다. 이러한 유머는 오직 강연자의 통찰력을 구사하여 그때그때 특이한 것을 찾아내야 하기 때문이다. 일단 찾아낸 후에는 그것을 포장하여 청중 앞에 풀어놓는다. 이런 종류의 유머는 틀에 박힌 농담보다도 성공할 확률이 크다. 이유인즉, 청중이 모여 있는 때와 장소에 관계가 있어 감정 이입이 쉽고 또한 들어본 적이 없어 독창적이기도 하기 때문이다. 아마도 밝은 웃음을 자아내는 가장 쉬운 방법은 자기 신상에 관하여 이야기하는 방법이다. 즉, 어떠한 어처구니없고 까다로운 사태에 놓인 자신의 모습을 그려 보이는 것이다.

실로 이것이야말로 유머의 정수인 것이다. 그 방법을 코미디언 재크 베니스는 수년간이나 써왔다. 그는 '자기 자신을 놀려대어' 보인 최초의 라디오 코미디언이다. 바이올린을 켜는 것이 어설프고 서투르다는 둥, 욕심쟁이였다는 둥, 혹은 나이 등에 대하여 자기 자신을 웃음거리로 만듦으로써 재크 베니스는 풍성한 유머를 구사하여 매년 높은 청취율을 유지하여 왔다.

그리고 이런 방법은 오늘날 코미디언이나 예능인들이 즐겨 사용하는 방법이기도 하다. 청중은 유머러스한 방법으로 자신의 결함이나 실수에 주목시키고, 일부러 자신을 낮게 보이게 하는 연사에 대해서 머리뿐만 아니라 마음의 문도 열어주게 되어 있기 때문이다.

반면에, '재주도 없이 으쓱거리는 허풍선'이나 무엇이든지 모두 다 안다고 전문가인양 으스댄다는 인상을 풍기게 되면, 청중은 그를 부러워하기보다는 차갑게 거부하는 태세로 나오기 마련이다.

실증된 자료를 적극 응용하라

청중에게 행동을 촉구하는 방법에는, 몇 가지 요점이 있다. 이것이 적으면 적을수록 좋겠지만, 거기에는 모두 다 보강하여야만 할 자료가 필요하다. 앞에서 우리는 '요점', 즉 당신이 청중으로부터 그렇게 하여 주기를 원하는 것을, 당신이 경험담을 예증하며 보강하는 방법을 논한 바 있다.

이러한 실례를 드는 방법은 '이야기를 듣기 싫어하는 사람은 하나도 없다'는 슬로건에 요약되는, 인간의 근본적인 충동에 강하게 호소한다는 점에서 널리 애용되고 있다. 그 가운데서도, 사건이나 어떠한 사실은 일반의 연사들에 의하여 가장 여러 번 사용되고 있지만, 결코 그것만이 중점을 보강하는 유일의 방법은 아니다. 과학적으로 분류된 실례 이외의 아무것도 아닌 통계, 혹은 전문가의 증언, 전시물이나 실연 등을 응용할 수도 있다.

◆ 통계를 사용하라

통계는 어떠한 카테고리에 속하는 사상의 균형을 제시하기 위하여 사용된다. 특히, 한 가지의 실례로는 타인을 납득시킬 것 같지 않은 것을 증명하는 데 있어서 인상적이며 설득력이 있는 것이다.

통계 그 자체는 따분한 것이다. 이것은 꼭 필요한 때에 한하여서만 사용되어야 할 것이며, 그러한 때에는 각각의 통계를 생생하게 눈으로 볼 수 있게끔 하는 언어의 옷을 입혀야 할 것이다. 우리에게 친숙한 것으로 통계를 비교해보면, 그런 것이 얼마나 인상적인 것이 될 수 있느냐 하는 점을 중요시하는 실례가 여기에 있다.

뉴욕 시민들이 자신에게 걸려온 전화를 즉시 받지 않기 때문에 그 얼마나 막대한 시간을 낭비하고 있는가를 어떤 사업 경영자는 다음과 같이 지적하고 있다.

100회의 전화가 걸려올 적마다, 그 중의 7회는 전화를 받을 때까지의 시간이 1분 이상 걸린다. 그리하여 매일 28만 분의 시간이 헛되게 쓰이는 것이다. 9개월간 뉴욕의 전 시내를 통산한다면 얼마나 될까? 이렇게 1분간 늦게 받는 시간의 낭비는 콜럼버스가 아메리카 대륙을 발견한 후, 오늘날에 이르기까지의 평일의 회사, 은행 통상 영업 시간 수와 맞먹는 시간인 것이다.

단순한 숫자나 수량만을 나열해서는 인상적이 될 수 없다. 예시가 필요하다. 될 수만 있다면 일상생활의 경험에 입각한 말로 고쳐서 풀이함이 좋다.

그랜트 크우리 댐의 아래층에 있는 널찍한 동력실에서 안내자의 설명을 들은 적이 있다. 그 안내자는 방의 크기를 설명함에 있어서 평방미터니, 평방피트니 하는 단위로 얼버무릴 수도 있었겠지만 그것으로는 이 안내자가 사용한 방법만큼 설득력을 발휘할 수 없었을 것이다.

그는 방의 넓이를 다음과 같이 설명하였다. 즉, 1만 명의 관객을 수용하는 정규 축구경기장을 고스란히 그대로 이 방에 옮겨 놓을 수 있을 것이며, 그렇게 하고도 또 테니스 코트를 몇 개 더 설치할 여유가 있다고 설명하였다. 그렇게 함으로써 듣는 사람들은 한결같이 대형 축구장의 너비와 테니스 코트만은 눈에 어리는 것이었다.

◆ 전문가의 증언을 이용하라

전문가의 증언을 이용함으로써, 우리는 흔히 이야기의 주된 부분에서 명확하게 하고자 하는 요점을 효과적으로 나타낼 수가 있다.

그렇지만 그것을 이용하기 전에 다음과 같은 질문에 답함으로써 적격성을 검사해 볼 일이다.

- 인용하고자 하는 그 인용이 정확한가?
- 인용의 인물은 전문적인 지식 분야에 관한 것인가? 예를 들어, 경제 문제에 대해서 권투선수인 조 루이스를 인용했다면 그것은 확실히 그의 장점이 아닌 인물을 인용하려는 것에 지나지 않는다.

• 인용이 청중에게 보다 잘 알려져 있고 존경받고 있는 사람의 것인가?
• 인용이 개인적인 이해관계나 어떠한 편견에서 비롯된 것이 아니고, 직접적으로 획득한 지식에 의하여 인증된 점을 확인하였는가?

◆ **비유를 들어 활용하라**

웹스터 사전에 의하면 비유란, "두 개 사이에 존재하는 상사관계이며……, 그 자체의 유사성이 아니라 두 가지, 또는 그 이상의 속성이나 환경이나 효과의 상사에 의하여 성립된다."라고 되어 있다. 비유를 들어 인용함은 중요한 논점을 보강하는 데 쓸모가 있는 뛰어난 테크닉이다.

남북전쟁이라는 비상시에 링컨 대통령이 비판자들의 질문에 답하느라고 쓴 것을 소개한다.

"여러분, 지금 잠시만 어떤 한 상황에 대하여 생각해주십시오.

가령, 당신 재산의 전부가 금이라고 합시다. 그렇다면 그것을 저 유명한 줄타기 곡예사 프론틴에게 맡겨서 나이아가라 폭포를 가로지른 줄 위를 건너와 주기를 부탁했다고 가정해봅시다.

그가 줄을 타고 한창 건너오려고 할 그때에, 당신은 늦추거나 '프론틴, 보다 더 허리를 늦추고! 좀 더 빨리!' 하고 격려하시겠습니까? 아마도 그렇지 않을 것입니다. 한 마디 말도, 입도 열지 못한 채 숨을 죽이고 안전하게 건널 때까지는 손짓도 못할 것입니다.

지금, 우리 정부도 이러한 상황에 처해 있습니다. 거대한 무거운

짐을 지고 폭풍우 휘몰아치는 대양을 꿰뚫고 나가려고 합니다. 희망 찬 미지의 보배가 그 손아귀에 맡겨져 있는 것입니다.

여러분, 정부는 최선의 힘을 기울이고 있습니다. 외면하지 마십시오!

다만, 똑바로 주시해주십시오. 그러면 반드시 무사하게 건너갈 것입니다."

◆ 실연을 통해 활력과 흥미를 첨가하라

난로 제조회사의 중역인 아이언 파이어먼이라는 사람이 특약점의 점주들을 모아놓고 이야기할 기회가 있었다. 그는 연료는 위로부터가 아니고 밑으로부터 보급해야 한다는 점을 참신한 표현으로 그들에게 보일 필요성을 느꼈다. 생각 끝에 그는 다음과 같이 간단하고, 그리고 또 강렬한 인상을 남기는 실연實演을 착안하였다.

양초에다 불을 붙인 다음, 다음과 같이 실연을 통해 설명했다.

"불길이 밝고 맑게 탄다는 점을 주의해주십시오. 잘 타지 않습니까. 원래, 연료는 모두가 열로 전환되는 것이므로 거의 연기를 내지 않습니다. 양초의 파라핀이 연료를 보급하듯 밑으로부터 공급됩니다. 혹시, 이 양초의 연료가 손으로 연료를 공급하는 종래의 난로처럼 위로부터 공급되었다고 합시다.

〈여기서 화자는 양초를 거꾸로 들어 보였다.〉

불길의 세기가 완전히 떨어졌다는 점에 유의하십시오. 이 어마어마한 연기의 냄새를 맡아보시고요. 불길은 우직우직 소리를 내며 기를 쓰고 있지 않습니까? 불완전 연소 때문에 불길이 빨갛게 변하는 점도 주의하십시오. 마침내는 위로부터의 불완전한 연료 보급 결과로 불길은 결국 꺼지고 말지요."

헨리 모털 로빈슨은『유어 라이프』지에「변호사는 어떻게 소송에 이기는가」라는 제목의 흥미 있는 기사를 냈다. 그 가운데 에이브 하머라는 변호사가 손해배상소송에서 보험회사의 변호인으로서 멋진 무대연출을 써서 승리를 쟁취하였을 당시의 상황을 그려놓고 있다.

"원고인 포슬스웨이트 씨는, 엘리베이터의 셔프트가 떨어져서 어깨에 맞는 바람에 오른쪽 팔을 쳐들지도 못하게 되었다고 진술했습니다."

하며 변호사는 실로 그를 가엾어하는 체하며, "그렇다면 포슬스웨이트 씨?" 하고, 무척 부드러운 태도로 말을 건넸다. 그리고 지금은 다쳤으므로 팔을 조금밖에 들어 올리지 못할 것이라며 무척 걱정스럽게 물었다. 그러자 포슬스웨이트 씨는 조심스럽게 팔을 귀 가까이까지만 쳐들었다.

"그럼 이번에는 부상하기 전에는 어디까지 쳐들 수 있었는지 가르쳐주십시오."

하머는 그에게 충동질을 했다. 이에 원고는, "이 만큼이요."하며 팔을 한껏 쳐들어 보이는 것이 아닌가!

이 실연에 관하여 배심원이 어떠한 반응을 보였는가는 여러분의 현명한 판단에 맡기리라.

청중을 행동케 하는 긴 연설의 경우, 요점은 세 가지, 또는 네 가지까지 허용할 수 있다. 그것만을 입에 올린다면 1분도 채 걸리지 않을 것이다. 그것을 암송하여 들려주기만을 한대서야 청중으로서는 지칠 것이고 따분해 할 것이다.

어떻게 하면 이 같은 요점을 살아있는 것으로 전달할 수 있을까? 그것을 가능하게 하는 것은 그러한 논점을 보강하기 위하여 당신이 쓰는 재료이다. 이것이 곧 연설에 활력과 흥미를 첨가시키는 것이다.

사건의 실례나 비교나 실연을 사용함으로써 중요한 생각을 뚜렷이, 그리고 생생하게 전달할 수가 있다.

또한 통계나 증언을 이용함으로써 진실성을 실증하고, 당신의 논점의 중요성을 강조할 수 있는 것이다.

큰 산의 울림처럼 여운을 남겨라

조지 존슨은 산업가이자 인도주의자로서, 당시는 엔디코트 존슨 회사라는 커다란 회사의 사장이었다. 그러나 그보다도 흥미를 느끼게 하는 것은, 그가 청중을 웃기고, 때로는 울리기도 하며 언제 어느 곳에서도 이야기를 잘한다는 사실이다.

그는 자기 전용사무실을 가지고 있지 않다. 늘 바쁘게 돌아가는 공장의 한쪽 귀퉁이가 그의 사무실이며, 그는 거기 놓인 낡은 나무책상처럼 가식이 없는 사람이었다.

그는 프로패셔널한 연사는 아니었다. 그리고 명언이나 명구를 사

용하려는 야심도 없었지만 그는 자신의 경험에서, 의사 전달에 성공하는 비결을 터득하고 있었다. 그리고 그는, 연설을 성공시키자면 끝맺음 말을 잘하여야만 한다는 점도 알고 있었다. 청중에게 강한 인상을 남기려면, 결론이야말로 그에 선행된 전 논리의 맥락을 더듬고 거기에 알맞은 부분이 되어야 한다는 점을 너무도 잘 이해하고 있었다.

결어는 연설 가운데서도 가장 중요한 전략적 요점이다. 마지막

말, 이야기를 끝맺을 때 청중의 귀에 마치 산울림처럼 여운을 남기는 마지막 말, 이것이야말로 사람들의 마음에 가장 오래도록 남는 말인 것이다.

아래와 같은 사례들의 끝맺음은, 흔히 볼 수 있는 불만스럽고 유감스러운 마무리다. 이러한 마무리를 하는 강연자들에게서 찾을 수 있는 가장 공통된 결점이라면 무엇일까? 그 두세 가지를 여기에 논하고, 그 교정법을 모색해보자.

"이것으로 이 문제에 관하여 제가 말하고 싶은 것은 모두 말씀드렸습니다. 그래서 이 정도에서 끝을 맺으려 합니다."

이런 식으로 이야기의 끝을 맺는 사람이 있다. 이와 같은 연사는, 보통 자신의 무능에 연막을 펴고,

"이야기를 들어 주셔서 감사합니다."라고 무의미한 말을 덧붙이기 일쑤이다. 그것은 '결론'이 아니라'잘못'된 말이다.

그리고 말할 것은 다 끝냈는데도 어떻게 맺음말을 하여야 할지 몰라서 당황해하는 연사도 있다.

"소를 잡을 때는 나중에 놓아주기 쉽도록 뿔이 아니고 꼬리를 잡아라."라는 충고가 있다. 지금 말한 연사는 마치 쇠뿔을 잡은 격이다. 소로부터 떨어지려고 하는데 아무리 애를 써도 뿔을 놓는 것이 어려워 울타리나 나무로 다가설 수가 없는 처지인 것이다. 그 결과 악전고투하여 같은 장소를 빙빙 돌면서 같은 행동을 반복하여 더욱 더 나쁜 인상만 줄 뿐이다. 이것을 면하는 길은 없는 것일까? 이야

기를 할 바에는, 모든 사람이 다 언제, 어떻게 끝을 맺어야 하나, 하는 점을 염두에 두어야 하지 않을까?

이미 청중을 정면으로 마주하여 긴장한 채 지껄이는 데만 정신이 팔리는 상태가 되어서야,—자, 끝맺음을 어떻게 할까—하고 생각하는 것이 과연 현명한 것인가?

당신에게 있어서는 그런 것은 상식적으로 냉정하고 침착하게 사전에 미리 그렇게 하는 것이 상책이라고 암시해주고 있다.

대체 어떻게 하면 이야기의 마지막을 정점으로 이끌 수 있을까? 여기에 도움될 만한 몇 가지 시사가 있다.

◆ 간단명료하게 요약하라

긴 이야기를 할 경우, 연사는 자칫 이야기의 폭을 넓히는 경향이 있으며, 또 막바지에 이르러서는 말하려는 요점이 무엇인가를 청중이 똑똑히 파악하기 어렵게 되어 버리는 수가 흔히 있다. 그렇지만 그러한 것을 깨닫는 연사는 거의 없는 실정이다.

자신의 마음속에서는 그와 같은 요점이 수정같이 명백하기 때문에 청중들도 그와 같이 명료하리라 하는 잘못된 가상을 갖는 것이다. 어림도 없는 일이다.

연사는 매우 오랜 시간에 걸쳐서 자신의 생각을 다져왔지만 그것이 청중들에게는 전혀 생소한 것인 것이다. 그것은 마치 청중을 향하여 한줌의 산탄을 던지는 것과 같다. 그 가운데서는 청중의 마음에 떨어지는 것도 있을 것이나 대부분의 것은 낱낱이 흩어져 버리기 마련이다.

셰익스피어의 말을 빌려보자.

"청중이라는 것은 많은 것을 생각하기보다, 명확하게 무엇 하나를 기억한다."

바로 그런 것이다. 아일랜드의 어떤 정치가는 다음과 같이 서술했다.

"우선 무엇을 이야기하려고 하는가를 말하고, 다음에 생각하는 것을 말하고, 최후로 무엇을 이야기했는가를 말할 것이다."

'무엇을 이야기했는가를 청중에게 말할 것'이라는 말은 대단히 좋은 충고이다. 여기에 좋은 예가 있다.

시카고의 어느 철도회사에서 운행관리부장 일을 담당하고 있는 이 강사는 다음과 같이 이야기를 요약하며 끝을 맺었다.

"요컨대, 여러분! 이 폐색장치어느 구간에 열차나 차량이 들어가 있는 동안, 다른 열차나 차량이 거기 들어오지 못하게 하는 장치를 사용함으로써 사고가 방지된 덕분에 1년간 절약된 금액, 이런 모든 점을 고려할 때 우리 남부지역에 있어서도 하루바삐 이 폐색장치를 사용하도록, 절실한 심정으로 솔직하게 진언하지 않을 수 없습니다."

이와 같이 짧은 문구로 그는 이야기 전체의 요점을 거의 완전히 요약한 것이다. 이같이 요약할 수 있는 테크닉을 여러분 자신의 것으로 만들어보라.

◆ 행동을 불러일으켜라

지금까지 인용한 연설의 끝맺음법은, 행동을 요하는 연설의 끝맺음에 있어서도 본보기로 안성맞춤이다. 연설은 행동을 요한다. 연사가 청중들에게 무언가를 말하며, 또 그렇게 하기를 호소하는 것이다. 이를테면 실행을 위한 요구를 말하고 그것으로 인하여 절약될 돈, 가능해질 수도 있는 사고방지법 등을 근거로 이야기한다. 그리고 그 결과 청중이 자신의 생각을 바꿔 실행에 옮긴다면 그 연설은 성공적인 연설이다.

연사는 실행을 요구하고, 청중이 그 말을 따른다면, 연사의 목적은 달성된 것이다. 그러니 이제, 요구하자! 청중에게 참여하도록, 기부하도록, 투표하도록, 편지를 쓰도록, 전화를 걸도록, 가맹하도록, 조사하도록, 부채를 갚도록, 요구하고 싶은 것은 무엇이든지 요구하자.

◆ 요구는 구체적으로, 가능한 만큼만

그러나 요구는 항상 구체적으로 해야 한다. 구체적이라는 말은 무엇보다 무엇을 할지 청중의 마음속에 즉시 떠올라서 실행으로 옮길 수 있는 말을 의미한다.

예컨대, "적십자에 원조해주십시오." 등으로 하여서는 안 된다. 그것은 너무나도 개념적인 말이다. 그러한 말 대신, "오늘 밤 우리 시의 125번가에 있는 적십자에 1달러의 입회금을 보내주십시오."라고 말하는 것이다.

요구 내용 역시 청중들의 힘이 미치는 범위 내에서 반응을 요구해야 한다. 이를테면 "음주의 악습에 대해 반대투표를 합시다!"라고 한다면 그것은 무리한 것이다. 물론 투표가 가능할 수도 있고, 당연히 투표 결과를 얻을 수도 있다.

그러나 이러한 투표 결과는 새로운 요구를 위한 이야기 소재는 될지언정, 눈앞의 청중에게 아무런 구체적인 행동을 이끌어내지 못한다. 사실은 정작 음주의 가부에 대한 투표조차 이루어지기 힘들 것이다. 그 대신 금주동맹에 가입하도록 호소하거나, 금주법을 부활시키기 위해서 투쟁하고 있는 단체들에 기부하도록 부탁하면 될 것이다.

◆ 청중이 행동하기 쉽도록 배려하라

마찬가지로 청중이 실행하기 어려운 일을 요구해서는 안 된다. 이를테면 "여러분의 주에서 선출된 의원에게, 이 법안에 반대투표를 해달라고 편지를 씁시다."라고 해서는 안 된다. 편지를 쓰는 일은 생각보다 어렵다. 왜 그저 "반대투표를 해주세요."라는 한 마디를 표현하기 위해 청중이 그런 일까지 해야 하는가? 그것을 들은 사람의 100% 중 99%는 편지를 쓰지 않을 것이다. 그렇게까지 할 생각이 나지 않거나, 귀찮아하거나, 아니면 잊고 말 것이다.

연설의 목적은 청중이 실행하도록 하는 것이다. 그러나 그것으로는 부족하다 연설은 청중이 쉽게 가벼운 마음으로 실행할 수 있도록 만들어야 한다. 만약 굳이 어려운 일을 청중에게 요구해야 한다면 그 일을 가능하면 쉽게 만들어서 청중에게 제시하라.

이를테면 당신 자신이 의원에게 직접 하듯이, “아래에 서명한 우리들은 귀하가 법안 제74321호에 반대의 표를 던져 주시기를 간절하게 바라고 있습니다.”라는 편지를 써서 그것을 청중들 앞에서 낭독한 후, 인쇄한 편지와 함께 만년필을 첨부하여 돌리는 것이다. 이렇게 한다면, 청중은 기꺼이 편지에 자신의 서명을 채워 넣을 것이다. 그 대신 그 만년필은 행방을 감추어 버릴지도 모를 일이지만 말이다.